Edgar Wolfrum

Die Mauer

Edgar Wolfrum

Die Mauer
Geschichte einer Teilung

C.H.Beck

Mit 25 Abbildungen

© Verlag C.H.Beck oHG, München 2009
Satz: Janß GmbH, Pfungstadt
Druck und Bindung: Pustet, Regensburg
Gedruckt auf säurefreiem, alterungsbeständigem Papier
(hergestellt aus chlorfrei gebleichtem Zellstoff)
Printed in Germany
ISBN 978 3 406 58517 3

www.beck.de

Inhalt

Einleitung
Blick auf die Mauer **7**

1. Der Schock:
   Mauerbau, 13. August 1961 **11**

2. Vorgeschichte:
   Der Weg zum Mauerbau **26**

3. Erleichterung:
   Der Westen und der Mauerbau **41**

4. Eingemauert:
   Die Mauer als «Beruhigungsfaktor» **53**

5. Menschenjagd:
   Geglückte und missglückte Fluchten **65**

6. Die Lüge:
   «Antifaschistischer Schutzwall» **78**

7. Schöner Schein:
   Die Mauer in der Ära der Entspannung **90**

8. Anfang vom Ende:
   Unruhen im Ostblock, zweiter Kalter Krieg **100**

9. Längste Leinwand der Welt:
   Die Pop-Art-Mauer **108**

10. Der Feind im eigenen Lager:
    Die SED und Michail Gorbatschow **119**

11. Weltereignis:
    Mauerfall 1989 **129**

12. Verschwunden, nicht vergessen:
    Was von der Mauer übrig blieb **142**

    Schluss
    Mauern in der Welt von heute **158**

    Dank **163**

    Anhang
    Anmerkungen **167**
    Literaturhinweise **179**
    Bildnachweis **189**
    Personenregister **190**

Einleitung
Blick auf die Mauer

Gemächlich, fast schläfrig ging das tägliche Leben seinen gewohnten Gang. Auf den ersten Blick unterschied diesen Ort überhaupt nichts von ähnlichen Orten in anderen Metropolen rings um den Globus. Das kleine Glück auf Erden – Schrebergartenidylle. Wenn im Sommer die Sonne schien oder wenn ein lauer Abend hereinbrach, war es hier besonders behaglich. An den Wochenenden traf man sich dann eigentlich immer. Man legte die Würstchen auf den rauchenden Grill oder die Steaks, packte den Kartoffelsalat aus und machte es sich auf den Campingstühlen bequem. Es war hier so himmlisch ruhig, kein Verkehrslärm; überall grünte und blühte es. Und das mitten in der Stadt. Man winkte dem Nachbarn von nebenan zu, der sogar Salatbeete angelegt hatte. Mit Kind und Kegel war man angerückt. Es war wie im Urlaub. Und wie sich die Kinder freuten. Da hier kein Windchen wehen konnte, ließ sich viel besser als sonst irgendwo Tischtennis spielen. Die hohe Mauer, an die man die Bierkästen gestellt hatte, bot Vorteile. Jedenfalls hier im Westen; im Osten kam man ja nicht an sie heran. War das Leben nicht schön? Natürlich, die Mauer verstellte den Blick und so recht ansehnlich war sie auch nicht, sondern eher hässlich, auch wenn sie hier und da bunte Bemalungen aufwies. Doch wer hatte sich Mitte der 1970er Jahre nicht an sie gewöhnt? Wen störte die Mauer noch? Die Kleinen, die nie etwas anderes gekannt hatten, konnten sich ein Leben ohne sie sowieso nicht vorstellen, sie gehörte einfach dazu. Zur Gewöhnung gesellte sich Gleichgültigkeit. Das Desinteresse ging meistens so lange gut, bis ganz plötzlich wieder einmal Schüsse aus Maschinengewehren zu hören waren, die einen zusammenzucken ließen und jäh aus dem Tagtraum herausrissen. Dann war man mit einem Male wieder nüchtern, dann schmeckte das Bier nicht mehr und Würstchen wollte auch keiner mehr essen. Denn man wusste: Nur wenige Meter weiter östlich, im Todesstreifen, wurden Landsleute – «Grenzverletzer» – verwundet oder getötet. Schlagartig zerplatzte die scheinbare Idylle. Irgendwo da draußen brach für einen oder mehrere Menschen die Hölle herein. In jeder Großstadt auf der ganzen Welt waren bestimmte Viertel gefährlich, gab es Gewalt, Verbrechen und Mord. Doch wo sonst ging die Gewalt von «staatlichen Organen» aus? Wo sonst schossen diese auf Bürger, die das eigene Land verlassen wollten? Wo sonst wurde die Wahrnehmung dieses Menschenrechts schlimmstenfalls mit dem Tode bestraft? Wer sich nicht in Gewahrsam nehmen ließ, sondern weg wollte, der spielte mit seinem Leben. An der Grenze, nur wenige Meter vom Würstchengrill entfernt, lauerte der Tod. Und man war sich mit einem Schlag klar: An dieser Stelle der Welt herrschte permanenter Ausnahmezustand. Man lebte in der anormalsten Stadt, dort, wo die Zweiteilung der Welt und der Kalte Krieg mitten hindurch ging: in Berlin.[1]

Man kann sicherlich nicht behaupten, dass die Weltgeschichte arm an irrwitzigen Ereignissen wäre. Die Epoche nach dem Zweiten Weltkrieg war ein radikales Zeitalter mit zahlreichen Gefährdungen und ebenso vielen Absurditäten; erst mit der Revolution der Staatenwelt 1989 ging diese Epoche und der Kalte Krieg zu Ende. Die Berliner Mauer jedoch sticht heraus, sie war in ihrer monströsen Abscheulichkeit und Menschenverachtung etwas so Besonderes, dass sie uns heute noch ins Staunen versetzen sollte. Niemals zuvor ist mitten durch eine Millionen-Metropole eine fast unüberwindliche Mauer, ein gewaltiges Sperrwerk mit einem Todesstreifen errichtet worden. Warum nahmen die Menschen dies hin? Kann man sich vorstellen, dass durch Paris eine Mauer verläuft, die die Menschen diesseits und jenseits der Seine teilt? Deutsche schossen auf Deutsche, weil sie von Deutschland nach Deutschland gelangen wollten – wie will man solche grotesken Dinge jemandem erklären, der nach 1989 geboren wurde und keine Vorstellungen mehr davon hat, was die Teilung der Welt und die Spaltung der deutschen Nation den Menschen aufbürdeten?

Um das ebenso Ungeheuerliche wie Unmenschliche begreiflich zu machen, soll in diesem Buch ein perspektivenreicher, immer fragender Blick auf die Mauer geworfen werden. Das Ziel ist es, anschaulich zu erzählen – denn erzählen heißt erklären. Die Darstellung beginnt mit dem Mauerbau in der Nacht des 13. August 1961 – zweifellos eine organisatorische Meisterleistung – und mit der Frage, wer aus welchen Gründen eigentlich auf den doch ziemlich abstrusen Gedanken kam, erst Stacheldraht auszurollen und dann eine übermannshohe Mauer zu bauen. War es ein Plan der Sowjetunion oder drängte die SED darauf?

Anschließend werden Perspektivenwechsel zwischen Ost und West vorgenommen: Warum reagierte der Westen, Amerikaner, Briten und Franzosen, so sichtlich erleichtert auf den Mauerbau, während die Deutschen tief geschockt waren? Warum taten die Berliner nichts? Was – vor allem – bedeutete die Einmauerung, das Eingesperrtsein für die Deutschen in der DDR? Wer ein Menschenrecht in Anspruch nahm, nämlich sich frei zu bewegen, spielte mit seinem Leben. Bis 1989 wurden an der Mauer Menschen getötet, die aus der DDR flüchten wollten. Gleichzeitig versuchte die SED ihr Monstrum bis zum Untergang ihres Staates als «antifaschistischen Schutzwall» zu rechtfertigen – eine glatte Lüge. Aber einige glaubten daran. Warum war das so? Was konnte der Westen, die Bundesrepublik, tun, um die Mauer

9

durchlässiger zu machen, um den Landsleuten zu helfen? In der Ära der weltpolitischen Entspannung seit dem Ende der 1960er Jahre kam es zu menschlichen Erleichterungen für die Deutschen in Ost und West, doch gleichzeitig galt der Schießbefehl an der Mauer nach wie vor, nun wurde «gut nachbarlich» geschossen, wie Zyniker sagten. Warum gewöhnte man sich an die Mauer? Nein, genauer: Wer gewöhnte sich an die Mauer?

Von West-Berlin aus betrachtet glich die Mauer in den 1980er Jahren einer knallbunten Leinwand, an der sich zahlreiche Künstler aus aller Welt verewigten, während im Osten der Todesstreifen mit modernsten elektronischen Mitteln perfektioniert wurde. Warum fiel die Mauer 1989 dennoch, warum verschwand die DDR so sang- und klanglos von der Bildfläche und warum ging der Kommunismus unter? Was blieb von der Mauer übrig, welche erinnerungskulturellen Spuren hat sie hinterlassen? Existierte, nachdem die reale Mauer weg war, an ihrer Stelle eine «Mauer in den Köpfen» der Deutschen? Wie ging das wiedervereinigte Land mit einem der dunkelsten Kapitel der DDR-Vergangenheit, nämlich den Gewalttaten an der deutsch-deutschen Grenze um? Was bedeuteten die «Mauerschützenprozesse»?

All diese Fragen machen eines deutlich: «Die Mauer» – dies ist gleichermaßen ein Panoptikum und ein Panorama des Kalten Krieges sowie der europäischen und deutschen Geschichte in der zweiten Hälfte des 20. Jahrhunderts.

1. Der Schock:
Mauerbau, 13. August 1961

«Unser Staat ist auf Draht», lautete die Schlagzeile des SED-Organs «Neues Deutschland» am Montag nach dem Wochenende, das die Welt veränderte,[1] und im Radio sangen helle Kinderstimmen ein Lied mit diesem Refrain. Mitten im Hochsommer lief vielen Deutschen, die diese Goldkehlchen hörten, ein kalter Schauer über den Rücken, denn am Sonntag, den 13. August, gegen zwei Uhr nachts, war unter Aufsicht schwer bewaffneter Volkspolizisten mitten durch die Millionenstadt Berlin Stacheldraht gezogen worden – bald sollte es so viel sein, dass man die ganze Welt damit hätte umspannen können. Wie bis zu diesem Zeitpunkt oft schon, so erwies sich auch in jenem welthistorischen Moment die SED-Führung als Meisterin darin, abscheuliche Taten mit makabren Inszenierungen zu untermalen. Der Bau der Berliner Mauer, der mit Stacheldraht begann, war ein Irrsinn, aber dieser Irrsinn hatte Methode.

Die beispiellose Aktion war generalstabsmäßig geplant, straff durchorganisiert und vollzog sich in einem extrem hohen Tempo. «Binnen weniger Stunden war unsere Staatsgrenze rings um West-Berlin zuverlässig geschützt», schrieb fast zwanzig Jahre später der zuständige Sekretär für Sicherheitsfragen im Zentralkomitee der SED.[2] Erich Honecker, der damals 49-jährige «junge Mann» im Politbüro und Organisator der Abriegelung, war bis zum Schluss stolz auf sein Werk.

Die meisten Berliner hatten den Mauerbau regelrecht verschlafen; am Morgen danach rieben sie sich verblüfft die Augen. Der Überraschungscoup der SED, ein waghalsiges Unterfangen mit vielen Unbekannten, schien gelungen zu sein. Aber würde die Lage auch ruhig bleiben? Noch herrschte gespannte Nervosität.

Hätte es sich nicht um etwas derartig Ungeheuerliches, Menschenverachtendes gehandelt wie darum, die gesamte Bevölkerung eines Landes einzusperren und sie der Freiheit zu berauben – man wäre zu Respekt genötigt ob dieser deutschen Wertarbeit. Über Nacht schafften es Polizei-, Pionier- und Kampfgruppeneinheiten, 45 Kilometer innerstädtische Grenze und 160 Kilometer am «Ring» um West-Berlin abzuriegeln. All dies geschah unter strenger Geheimhaltung, die Einsatzbefehle waren erst am 12. August um 16 Uhr unterschrieben worden, um 22.30 Uhr trat der Einsatzstab zusammen. Zwei motorisierte Schützendivisionen der Nationalen Volksarmee waren aus den Bezirken Schwerin und Potsdam nach Berlin verlegt worden – sie würden eine Übung durchführen, glaubten die Soldaten. Die Sowjetunion sicherte die Aktion militärisch ab, Panzer und Truppen hielten sich bereit, blieben jedoch im Hintergrund. Punkt ein Uhr nachts gingen an der Grenze die Lichter aus, bis zwei Uhr lief alles wie geplant an: Die Polizei besetzte die Bahnhöfe an den Sektorengrenzen; pioniertechnische Absperrmaßnahmen begannen, man durchtrennte Gleisverbindungen und stellte Spanische Reiter auf, zog Drahtsperren hoch, verlegte Betonschwellen, riss das Pflaster von Straßen auf. Das Militär überwachte die Maßnahmen. 13 U-Bahnhöfe auf Ost-Berliner Gebiet wurden geschlossen, von 81 Sektorenübergängen mauerte man 69 zu. Die Reisezüge aus dem Westen kamen nicht mehr über den Bahnhof Friedrichstraße hinaus. Das ganze historisch gewachsene Zusammenspiel der Millionenmetropole geriet endgültig aus den Fugen: Gas, Wasser, Elektrizität, auch Theater, Opern, Firmen und Behörden mussten in den nächsten Jahren auf jeder Seite der Mauer neu organi-

1 «Aufmauerung» mit Hohlblocksteinen am Potsdamer Platz, 18. August 1961.

siert werden. Zwar war Berlin seit der ersten Berlinkrise des Jahres 1948 geteilt und vieles lief nicht mehr rund in der Stadt, aber bis zu jenem Augusttag, als es plötzlich Eingemauerte und Ausgemauerte gab, hatte Berlin dennoch eine Einheit gebildet, und die Sektorengrenzen wurden täglich von etwa einer halben Million Menschen in beide Richtungen überschritten. Der Potsdamer Platz, das Herz Berlins und einst verkehrsreichster Punkt Europas, war nicht wiederzuerkennen: aufgerissenes Pflaster, dichte Stacheldrahtrollen, eingerammte Pfähle, gespenstische Friedhofsruhe. Die SED zeigte, dass es möglich war, eine moderne Großstadt in der Mitte zu teilen und ihre Hälften hermetisch voneinander abzuriegeln. Dass nun das Brandenburger Tor geschlossen wurde, hatte Symbolcharakter für die – so schien es vielen – endgültige Teilung der Welt.

In den folgenden 28 Jahren, zwei Monaten und 27 Tagen

wandelte sich das Gesicht der Mauer ständig, bevor das Monstrum fiel und die Epoche des Ost-West-Konflikts zu Ende ging. Am Anfang stand die massive, aber noch primitive Abriegelung mit Stacheldrahtverhauen, die noch einige «undichte» Stellen aufwies, bald setzte zwischen Potsdamer Platz und Brandenburger Tor die «Aufmauerung» mit relativ leichten und großen Hohlblocksteinen ein. Bautrupps errichteten unter strenger militärischer Bewachung eine etwa zwei Meter hohe Mauer. Gleichzeitig wurden Türen und Fenster jener Häuser zugemauert, die an der Sektorengrenze standen, etwa in der Bernauer Straße, deren Bürgersteig zum Westen gehörte, während die Häuser auf Ost-Berliner Grund standen. Hier spielten sich ergreifende Szenen und menschliche Tragödien ab.[3] Am 22. August 1961, einen Tag vor ihrem 59. Geburtstag, sprang Ida Siekmann in ihrer Verzweiflung aus der dritten Etage ihres Wohnhauses in der Bernauer Straße 48 auf den Bürgersteig, nachdem sie zuvor Federbetten auf den Gehweg geworfen hatte. Diese jedoch waren zu schwach, um den Sprung abzufedern, die Frau stürzte sich zu Tode. Nur wenige Häuser weiter starb eineinhalb Monate später der 22-jährige Bernd Lünser, der sich mit einer Wäscheleine in den Westteil Berlins abseilen wollte. Während er sich auf dem Dachfirst des Hauses nach einem geeigneten Abstieg umsah, bemerkten Grenzpolizisten seinen Fluchtplan. Eine Verfolgungsjagd begann. Lünser schrie um Hilfe, auf der Westseite, wo mehrere hundert Menschen das Drama verfolgten, trafen Feuerwehrleute ein, die hastig ein Sprungtuch aufspannten. Als die DDR-Grenzpolizisten ihr Feuer auf den Flüchtenden eröffneten, sprang er vom Dach des fünfstöckigen Hauses in die Tiefe, verfehlte das Sprungtuch, schlug auf der Straße auf und starb kurz darauf. Bis zum Jahreswechsel waren elf Todesopfer gescheiterter Fluchtversuche zu beklagen.

Überall kam es zu panischen Fluchten aus vermauerten Häusern, manchmal nur Minuten vor der Zwangsevakuierung; das meiste an Hab und Gut musste zurückgelassen wer-

2 Fluchtversuch aus einem an der Sektorengrenze stehenden Haus, September 1961. Eine Frau versucht ein auf West-Berliner Seite bereit gehaltenes Sprungtuch zu erreichen. Von oben wird sie festgehalten, von unten wird versucht, sie an den Beinen herunterzuziehen. Am Ende gelingt die Flucht.

den, es ging um die Freiheit, das nackte Leben. Hunderten gelang die risikoreiche Flucht, sie durchtrennten den Stacheldraht, was zu schweren Verletzungen führen konnte, kletterten über Mauern, durchbrachen Kontrollanlagen mit Fahrzeugen, schwammen durch die Spree oder den Teltow-Kanal. Nicht selten verständigte man sich mithilfe eines kleinen Spiegels oder, bei Nacht, mit Hilfe einer Taschenlampe und des Morsealphabets. Wer im Osten jedoch beim Austausch von Nachrichten erwischt wurde, musste mit einer Zwangsumsiedlung rechnen. Alte und gebrechliche Menschen sprangen in die Sprungtücher der herbei geeilten West-Berliner Feuerwehr. Unzählige spontane Fluchten fanden statt, Freunde und Zufallsbekanntschaften halfen, auch Volkspolizisten betätigten sich als Fluchthelfer, manche schauten einfach weg – erst nach und nach wurden sie gegen regimetreue Soldaten ausgetauscht. Am Montag, den 14. August wurden im Notaufnahmelager Marienfelde mehrere Tausend Flüchtlinge registriert, die meisten von ihnen hatten das Wochenende in West-Berlin verbracht, waren von den Absperrmaßnahmen völlig überrascht worden und beschlossen nun, nicht mehr in ihre Heimat zurückzukehren. Bis Ende des Jahres 1961 konnten 51 624 Menschen flüchten, dann reduzierte sich die Zahl signifikant.

In vielen filmischen Zeugnissen aus den unmittelbaren Tagen und Wochen des Mauerbaus wird der Wahnsinn dessen, was hier ablief und jede Vorstellungskraft in den Schatten stellte, sichtbar: Entrüstete, ungläubige und wie vom Schlag getroffene West-Berliner trennte nur wenige Zentimeter Stacheldraht von ihren Freunden und Bekannten auf der östlichen Seite, die sich den Absperrungen nicht mehr nähern durften. Manchmal gelang es noch, sich über den Stacheldraht hinweg hastig und für lange Jahre zum letzten Mal die Hand zu reichen. Fast am Unerträglichsten sind die Bilder von NVA-Offizieren, die in die Kameras des westdeutschen «Klassenfeindes» grinsten, sich mit Inbrunst in Pose setzten und am Leid der Mitmenschen, die oft, ohnmächtig vor Wut und Schmerz, in Tränen ausbrachen, ergötzten. Rasch begann ein Propagandakrieg zwischen West und Ost. Westliche Fernseh- und Radiosender waren an der Mauer stets präsent, um live von der Tragödie und dem Schicksal der Menschen zu berichten. Auf die Lautsprecherparolen aus der DDR antwortete der West-Berliner Senat mit dem «Studio

3 Ein Bus als Aussichtsplattform, September 1961. West-Berliner versuchen über die Mauer hinweg Kontakt zu Verwandten und Freunden in Ost-Berlin aufzunehmen.

am Stacheldraht»: Eine Flotte von Lautsprecherwagen fuhr tagein, tagaus die Grenze ab, sendete politische Berichte über die Mauer und rief die Grenzsoldaten mit Parolen wie «Eure Schande wird um die Welt gehen» dazu auf, nicht auf ihre Landsleute zu schießen. Durch Propaganda auf beiden Seiten aufgeheizt, kam es in den ersten Wochen immer wieder zu Ausschreitungen an Mauer und Stacheldraht. Um Aufnahmen von westlichen Kamerateams zu verhindern, setzte die östliche Seite Rauchbomben ein. Wie zum Hohn schickte die Ost-Berliner Führung Kinder mit Blumen an die martialischen Absperrungen, die sie den «Friedenssoldaten» freudestrahlend überreichten.[4]

Nirgendwo sonst auf der Erde gab es eine Grenze, die so verschiedene Welten voneinander trennte, nirgendwo sonst spielte es eine so alles entscheidende Rolle, ob man 10 Meter weiter rechts oder links einer Trennungslinie lebte. Berlin stand in den ersten Tagen und Wochen nach dem Mauerbau unter Schock. Tausende von Familien, die bisher nur in verschiedenen Stadtteilen gelebt hatten, sahen sich über Nacht auf ungewisse Zeit getrennt, Paare und Freunde jäh auseinander gerissen. Es herrschte Niedergeschlagenheit, die sich sogar in den ersten Monaten in einer erhöhten Selbstmordrate widerspiegelte.

Den faktischen Schießbefehl für die DDR-Grenzeinheiten, damals 38 000 Mann, beschloss das SED-Politbüro neun Tage nach dem Beginn des Mauerbaus. «Schießt nicht auf die eigenen Landsleute!» hatte der Regierende Bürgermeister von Berlin, Willy Brandt, wenige Tage nach dem Mauerbau noch an die DDR-Grenzer appelliert. Walter Ulbricht verfasste daraufhin an jenem 22. August ein Papier, in dem es hieß: «Nach der verleumderischen Rede Brandts (sollen) durch Gruppen, Züge oder Kompanien schriftliche Erklärungen gegeben werden, um was es geht, und dass jeder, der die Grenze unserer Deutschen Demokratischen Republik verletzt – auch, wenn erforderlich – durch Anwendung der Waffe zur Ordnung gerufen wird.»[5] Im «Neuen Deutschland» des darauf folgenden Tages fand sich eine Erklärung, in der sich DDR-Grenzeinheiten verpflichteten, «die Einhaltung der Gesetze der DDR zu sichern und, wenn es erforderlich ist, durch Anwendung der Waffe diejenigen zur Ordnung zu rufen, die diese Gesetze der Arbeiter- und Bauern-Macht mit Füßen treten wollen».[6] Auf «Republikflucht» stand im schlimmsten Falle die Todesstrafe.

Es kann kein Zweifel daran bestehen: Dieses Kapitalverbrechen – nichts anderes als ein staatlicher Mord – war angeordnet. Der immer wieder aufflammende Streit über den Schießbefehl bzw. die Behauptung, er habe nicht schriftlich vorgelegen, erinnert an die unsägliche Diskussion darüber, ob Adolf Hitler selbst den Befehl zur Vernichtung der Juden in Europa gegeben habe. Auch wenn bis heute kein solches Schriftstück gefunden wurde, ändert dies nichts am Sachverhalt.

Die ersten Todesschüsse an der Mauer fielen am 24. August, Opfer war der 24-jährige Günter Litfin. Der junge Mann, dessen Zwillingsbruder die Nazis ermordet hatten, war einer von damals rund 90 000 Berlinern, deren Wohnort und Arbeitsplatz durch die Sektorengrenze voneinander getrennt waren. Er wohnte im Osten und arbeitete im Westen, wo er das Schneiderhandwerk erlernte. Kurz vor dem Mauerbau hatte er beschlossen, in den Westen zu ziehen. Jetzt machte ihm das SED-Regime einen Strich durch seine Lebensplanung. Da er annahm, dass die Wasserwege noch überwindbar seien, wollte er durch den Humboldthafen schwimmen. Er wurde entdeckt, Warnschüsse hielten ihn nicht vom Versuch ab, in die Freiheit zu gelangen, doch 25 Meter vor dem rettenden Westufer traf Litfin ein gezielter Schuss ins Genick. Der Mann versank im schmutzigen Wasser, erst drei Stunden später barg die Ost-Berliner Feuerwehr den Leichnam. Voller Entsetzen waren rund 300 Personen am Westufer Augenzeugen des schrecklichen Geschehens. Tags darauf verunglimpfte das SED-Organ «Neues Deutschland» Günter Litfin als «kriminelle Gestalt» und «finsteres Element». Im Jahre 1997 stand der Todesschütze anlässlich der «Mauerschützenprozesse» vor dem Landgericht Berlin. Das Urteil lautete auf 18 Monate Haft, die zur Bewährung ausgesetzt wurde; es habe sich um Totschlag in einem «minder schweren Fall» gehandelt.[7]

Am 20. September 1961 erließ Honecker erneut einen Schießbefehl: «Gegen Verräter und Grenzverletzer ist die Schusswaffe anzuwenden. Es sind solche Maßnahmen zu treffen, dass Verbrecher in (der) 100-Meter Sperrzone gestellt werden können.»[8] Ein Jahr nach dem Mauerbau ragten bereits 130 Beobachtungstürme auf, bald sollten es 300 sein, von denen aus man gut in die Schussräume sehen konnte; und schon nach eineinhalb Jahren wurde die Hohlblocksteinmauer durch eine erste Betonmauer mit einer Stärke bis zu einem Meter ersetzt. Ab 1965 kamen Bunker hinzu. Dann wurden auf der nach Westen weisenden Seite der Mauer Kunststoffplatten vorgeblendet. Ab 1974 – mitten in der Zeit

19

4 Der Potsdamer Platz ein Jahr nach dem Bau der Mauer.

der Entspannung – ging die SED daran, die dritte Mauergeneration zu errichten, die «Grenzmauer 75», so der Fachterminus der DDR, bestehend aus vorgefertigten Stahlbetonplatten hoher Dichte mit einem Gewicht von 2,6 Tonnen, die auf einem integrierten Sockel vertikal dicht nebeneinander aufgestellt wurden. Höhe jetzt: 3,60 Meter, Breite 1,20 Meter, Wandstärke 15 Zentimeter, Bekrönung nicht mehr durch hässlichen Stacheldraht, sondern durch ein aufgelegtes Betonrohr. 45 000 dieser Segmente wurden in Berlin verbaut, jedes Teil kostete in der Herstellung 359 Ostmark. Aus dem Material der Befestigungsanlage hätte man eine kleine Stadt bauen können.

Die Mauer bestand aus zwei Mauern. Die eine, eben beschriebene, war die West-Mauer, sie bildete aus Ost-Berliner Sicht den Außenring, während der Innenring durch die Ost-Mauer markiert wurde. Dazwischen lag der bis zu hundert Meter breite Todesstreifen mit elf unterschiedlichen Hinderniszonen. Dazu gehörten: Alarmgitter, Stolperdrähte, die Leuchtkugeln auslösten, einbetonierte Stahlspitzen, Hundelaufanlagen, Panzergräben, Kfz-Fallen, Asphaltstraßen für Patrouillenfahrzeuge. In den 1970er Jahren kamen Selbstschussanlagen hinzu. Die Berliner Kanalisation war zunächst mit Gittern abgesperrt worden, die aber durchkrochen werden konnten. Auch hier gab es «Verbesserungen». In Grenzgewässer wurden mit Nägeln gespickte stählerne Unterwassermatten und Sperrbojen eingelassen. Hingebungsvoll befassten sich Architekten mit weiteren Konstruktionen und gaben ihnen Namen, die an damalige «moderne» Autobezeichnungen im Westen erinnerten. 1979 hieß das neu entwickelte Mauersegment «Typ UL 12.41». Auch wurden die Anlagen optisch immer «gefälliger». Zur Jahrtausendwende sollte die «High-Tech-Mauer 2000» die Welt über die ostdeutsche Ingenieurskunst staunen lassen: Geplant waren Infrarotschranken, deren Strahlen beim Durchqueren Scheinwerfer einschalten und Alarm auslösen. Sperren aus extra dünnen Drahtrollen, in denen sich ein Mensch bis zur Bewegungslosigkeit verfangen kann, ließen die Herzen der SED-Oberen ebenso höher schlagen wie in der Erde versenkte Sensoren, die Erschütterungen im Umkreis von 500 Metern registrierten oder Vibrationsmeldungsgeber an Metallgittern im Wasser, Mikrowellenschranken für sieben Meter breite Sicherungslinien und elektronische Übersteigsicherungen für die Steckmetallzäune. Dem Erfindungsreichtum, um Flüchtlinge zu verletzen oder zu töten, waren keine Grenzen gesetzt. Bis zum Mauerfall am 9. November 1989 fanden über 1200 Menschen, die von Deutschland nach Deutschland wollten, den Tod, davon zwischen 122 und 200 am Monstrum Berliner Mauer. Bis heute existieren noch keine gesicherten Angaben über die genaue Anzahl der Todesopfer.

Warum rissen die Berliner am Morgen des 13. August 1961 die Mauer nicht ein? Warum nahmen sie diese Ungeheuerlichkeit anscheinend so lautlos, so erstaunlich passiv hin? Gab es keine Auflehnung? Es ist falsch, in der DDR un-

5 Stummer Protest: Volkspolizisten halten eine Gruppe Ost-Berliner in Schach. Bernauer Straße, Berlin, August 1961.

mittelbar nach dem Mauerbau eine stille Akzeptanz der Situation zu vermuten, und schon gar nicht lässt sich von einem legitimatorischen Erfolg des SED-Regimes sprechen. Es gab Protest in vielfältigen Formen.[9] Eine Möglichkeit war zunächst die schnellstmögliche Flucht. Zwischen dem 13. August und dem 20. September wurden zudem in der gesamten DDR rund 30 Arbeitsniederlegungen registriert. Bis Anfang September nahmen Staatssicherheit und Polizei über 6000 Menschen fest, über 3100 verschwanden für Monate und Jahre in Gefängnissen. Unmittelbar nach den Absperrmaßnahmen flammte überall in Berlin Protest auf: Beschimpfungen, Steinwürfe auf Volkspolizisten, Schlägereien mit Angehörigen der Kampfgruppen, manche Ostdeutschen zertrümmerten wutentbrannt Schaukästen mit politischer Information. Auch individuelle Handlungen kamen vor, so wollte ein Bäcker kein Brot mehr backen, bis der Zaun niedergerissen würde, Pfarrer predigten gegen die SED-Führung, einige Soldaten legten ihre Waffen nieder, ein Lokführer fuhr seinen Zug illegal nach West-Berlin. Der am 15. August 1961 vor laufenden Fernsehkameras an der Ecke Ruppiner/Bernauer Straße in den Westen geflüchtete NVA-Soldat Conrad Schumann berichtete, dass er zeitweise einer demonstrierenden Masse von «wohl 1000 oder 2000» Ost-Berlinern gegenüber gestanden habe, die «wie eine lebende Mauer» auf seinen Grenzabschnitt zugekommen waren. Doch sofort seien die Demonstranten durch Schützenpanzerwagen aus Seitenstraßen und von Volksarmeesoldaten mit Gewehren abgedrängt worden. Bildete sich eine Ansammlung, und im Laufe des Tages war dies oft der Fall, wurde sie noch im gleichen Moment aufgelöst – mit Warnschüssen und Wasserwerfern. «Personen wurden durch Einsatzkräfte zerstreut», hieß es dann in den Polizeiprotokollen. Unter den Menschen herrschten Zorn, Empörung, Erregung, Verbitterung und Niedergeschlagenheit. Doch nur eine spontane Massenerhebung hätte das Regime in Bedrängnis bringen können. Aber wer wollte sein Leben riskieren? Die Soldaten hielten entsicherte Waffen im Anschlag und die Rote Armee war in Berlin sichtbar in Alarmbereitschaft. Seit der blutigen Niederschlagung des Volksaufstandes vom 17. Juni 1953 und der erst fünf Jahre zurückliegenden gescheiterten Revolution in Ungarn 1956, wo Tausende von Toten zu beklagen gewesen waren, wussten die Menschen im Ostblock, was ihnen drohte, wenn sie sich auflehnten. Menschen, die bereits derartig schlimme Erfahrungen mit der staatlichen Gewalt machen mussten, neigen in Krisensituationen eher zu passivem Verhalten. Wer will es ihnen verdenken? Zudem: Musste man aufgrund der brisanten Situation des Kalten Krieges eine Eskalation fürchten, die bis zum Weltkrieg reichen könnte? Oder würde es wieder so sein wie in der Vergangenheit: Noch nie hatte der Westen in den Machtbereich der Sowjets eingegriffen, noch nie hatte er dort Aufstände der Unterdrückten unterstützt. Weder die eine noch die andere Vorstellung machte Mut. Die SED-Führung ihrerseits hatte aus den Ereignissen des 17. Juni

1953, der ihr zeitlebens wie ein Schock im Nacken saß, gelernt und erstickte seitdem jeden möglichen Protest bereits im Keim. Einbrüche durch West-Berliner Zivilisten hinter das Gebiet der Absperrung unterband die Volkspolizei sofort durch Warnschüsse. Das harte Durchgreifen vereitelte jeden Versuch, sich zu organisieren. Gut vorbereitet zeigte das SED-Regime Entschlossenheit und Stärke – anders als 1953, als es auf eine Erhebung aus dem Volk hatte reagieren müssen, nahm es das Heft des Handelns in die Hand; nun bestimmte es selbst Zeitpunkt und Aktion, nichts sollte dem Zufall überlassen bleiben. 1961 wollte die SED agieren, nicht nur reagieren wie 1953.

Etwas anderes, darauf verweisen Stimmungsberichte, kam hinzu. Vermutlich waren viele Menschen in der DDR im Jahr 1961 schon arg demoralisiert. Das Rückgrat derer, die in den zurückliegenden Jahren nicht geflohen, sondern in ihrer Heimat geblieben waren, schien gebrochen zu sein. Hatte man sich an die Zumutungen der Diktatur gewöhnt, musste man sich nicht sogar mit ihnen abfinden, um überhaupt leben zu können? Der Verlust der Reisefreiheit erstreckte sich ja schon fast über ein Jahrzehnt, und an die verordnete Abgrenzung vom Westen war man gewissermaßen «akklimatisiert». Was die Zukunft bringen würde, stand in den Sternen. Vielleicht würde es ja gar nicht so schlimm kommen. War die Sektorengrenze in den zurückliegenden Jahren nicht mehrmals schon für eine Zeitlang geschlossen worden? Womöglich würden die Sperrmaßnahmen auch jetzt wieder nur von kurzer Dauer sein. Verbreitete nicht auch die SED-Propaganda diese Ansicht selbst? «Die Notwendigkeit dieser Maßnahmen (des Mauerbaus, E.W.) entfällt, sobald die Friedensregelung mit Deutschland verwirklicht ist», stand am 14. August in einigen Zeitungen[10] – ein geschickter Schachzug, um die Menschen zu beruhigen. Das provisorische Wesen der ersten Grenzhindernisse, die Stacheldrähte und Maschenzäune, bestärkten diese Hoffnungen am Anfang. Dass die Teilung Deutschlands an jenem 13. August

1961 für die nächsten 28 Jahre zementiert würde, konnten viele Zeitgenossen nicht absehen. Die wahre Tiefe eines Einschnitts wird immer erst in der historischen Rückschau erkennbar.

2. Vorgeschichte:
Der Weg zum Mauerbau

Der Kalte Krieg, die Blockbildung zwischen Ost und West und die Teilung der Welt vollzogen sich nach 1945 in mehreren Etappen. Es waren vor allem zwei Krisen, die als Beschleuniger wirkten. Die erste spielte sich in Europa ab: die Berlinkrise von 1948. Die zweite ereignete sich in Asien: der Koreakrieg von 1950 bis 1953, in dem es zu einer für die USA gefährlichen Kooperation zwischen Stalins Sowjetunion und der erst kurz zuvor gegründeten Volksrepublik China unter Mao kam, was die Amerikaner beinahe zum Einsatz von Atomwaffen verleitet hätte. Die Nahtstellen des Weltkonflikts waren Deutschland und Korea, beide Nationen wurden in ein östlich und in ein westlich dominiertes Territorium gespalten.

Schon seit der Einrichtung von Besatzungszonen 1945 entwickelte sich Deutschland auseinander, denn die Idee, Westalliierte und Sowjets könnten das besiegte und in Trümmern liegende Reich gemeinsam regieren, erwies sich binnen kurzem als reine Illusion. Auf nahezu allen Gebieten zeigte sich ein immer tieferer Riss zwischen dem östlichen und dem westlichen Teil Deutschlands, die strukturellen Umwälzungen des Ostens vertrugen sich nicht mit den Reformen des Westens und umgekehrt. Jeder modellierte «sein» Deutschland nach je eigenen Vorstellungen; ein Zusammenfügen hätte dem Versuch geglichen, Feuer und Wasser zu vereinen.

Am frühesten zeigte sich die Spaltung Deutschlands in den politischen Parteien. Mit der sowjetischen Besatzungsmacht waren 1945 auch deutsche Kommunisten, die sich während des Krieges im Moskauer Exil aufgehalten hatten – die «Gruppe Ulbricht» –, nach Ostdeutschland gekommen. Seinen Mitarbeitern gab Walter Ulbricht eine Losung mit auf den Weg: «Es muss demokratisch aussehen, aber wir müssen alles unter Kontrolle haben.»[1] Die Kommunistische Partei Deutschlands, die in der Bevölkerung nicht viel Rückhalt besaß, konnte von Beginn an darauf bauen, dass die sowjetische Besatzungsmacht sie nach Kräften unterstützte, so etwa im April 1946, als diese massiven Druck auf die Sozialdemokratische Partei ausübte: Sie zwang die SPD, sich mit der KPD zur Sozialistischen Einheitspartei Deutschlands, SED, zu vereinigen. Die SPD hatte aufgehört zu existieren. Sozialdemokraten, die sich verweigerten, wurden verfolgt und inhaftiert, manche sogar umgebracht. Bald setzte die Stalinisierung der SED ein, Kommunisten übernahmen fast alle Schalthebel der Macht, wobei die Sowjetunion als alleiniges Vorbild galt. Und auch den anderen Parteien, die in der sowjetischen Zone neu zugelassen worden waren, gelang es niemals wieder, den Klammergriff der Kommunisten abzuschütteln. Diese «Blockparteien» waren nur Alibi-Parteien, um der Diktatur einen dünnen demokratischen Anstrich zu geben. Der Sonderweg, auf den sich die Ostzone begab, sollte erst 1989 enden, als der «Eiserne Vorhang», von dem Winston Churchill bereits 1946 sprach, immer größere Löcher bekam.

Die «Anti-Hitler-Koalition», also das Zweckbündnis zwischen den Westalliierten und der Sowjetunion, zerfiel nach 1945 rasch. An seine Stelle traten universal ausgerichtete Strategien für eine globale Auseinandersetzung: «Befreiung vom Kommunismus» lautete die westliche, «kommunistische Weltrevolution» die östliche Losung. US-Präsident Harry S. Truman äußerte im März 1947, dass die Welt zweigeteilt sei; die Demokratien könnten sich auf die Hilfe der USA verlassen, die alles daran setzen würden, den Kommunismus zurück zu drängen – die «Roll-back-Strategie» war geboren. Stalin beurteilte die weltpolitische Lage nicht viel anders als sein amerikanischer Widersacher: Gemäß der von ihm vertretenen «Zwei-Lager-Theorie» standen sich das kapitalistische und das kommunistische Lager unversöhnlich gegenüber.[2]

Zur ersten massiven Konfrontation in diesem Kalten Krieg zwischen den Supermächten, der mehrmals in einen «heißen» umzukippen drohte, entwickelte sich die Berlinkrise des Jahres 1948. Hintergrund war die Währungsreform, die die Westmächte auch in Berlin durchführen wollten, was von der Sowjetunion als Provokation empfunden wurde. Ihre Antwort folgte prompt: Sie sperrte alle Zufahrtswege in die Stadt hinein und aus ihr heraus. Der spätere Bürgermeister von West-Berlin, Ernst Reuter, ein wahrhafter Volkstribun, reagierte mit einer der bekanntesten Reden des 20. Jahrhunderts. Im Sommer 1948 rief er vor fast einer halben Million Berliner, die sich um den zerstörten Reichstag versammelt hatten, in die Mikrophone: «Ihr Völker der Welt, ihr Völker in Amerika, in England, in Frankreich, in Italien! Schaut auf diese Stadt und erkennt, dass ihr diese Stadt und dieses Volk nicht preisgeben dürft, nicht preisgeben könnt!»[3] Dies war eine mutige Botschaft, so wenige Jahre, nachdem das deutsche Volk Schrecken und Verderbnis über die Welt gebracht hatte. Aber Berlin war nun einmal der Vorposten der Freiheit gegen den Kommunismus, bedeutete den moralischen Triumph des Westens, Leuchtstern der Demokratie. Ein ganzes Jahr lang versorgten deshalb die Westalliierten die Metropole aus der Luft, und diese «Luftbrücke» hatte erhebliche Auswirkungen: Sie war nicht nur eine Niederlage des Ostens; vielmehr wurde Berlin zum Symbol der westlichen Selbstbehauptung. Die Freiheit Berlins entwickelte sich zu einer der stärksten moralischen Positionen des Westens im Kalten Krieg.

Die «doppelte Staatsgründung» in Deutschland konnte nach dieser Eskalation nicht mehr aufgehalten werden, knapp fünf Monate später als die Bundesrepublik wurde am 7. Oktober 1949 die DDR gegründet. Wie die Bundesrepublik beanspruchte, für alle Deutschen zu sprechen, tat es auch die DDR. Wilhelm Pieck, der Präsident des neuen Staates, drückte zu dieser Gelegenheit seinen Wunsch aus, die «Wiedervereinigung unseres zerrissenen Vaterlandes» zu erreichen. Auch Ministerpräsident Otto Grotewohl sprach vom «Kampf für die Wiedervereinigung». Waren dies bloß Lippenbekenntnisse? Das kann man so sicherlich nicht sagen. Die SED trieb in den Anfangsjahren tatsächlich gesamtdeutsche Politik und startete viele Initiativen, West- und Ostdeutsche zu Verhandlungen an einen gemeinsamen Tisch zu bringen. Fast alles indessen war Propaganda, denn freie Wahlen lehnte die SED ab, und eine deutsche Einheit konnte sie sich einzig und allein unter sozialistischen Vorzeichen vorstellen. Die DDR, so Walter Ulbricht, sei das Fundament eines künftigen vereinten Deutschland, sie sei das Kraftzentrum im nationalen Kampf und die SED bezeichnete er als das «Gewissen der Nation».[4]

Im Westen schenkte man solchen Bekundungen kein Gehör. Die DDR wurde «Sowjetzone» oder «Zone» genannt, sie galt nicht als Staat und nicht als deutsch, sondern als eine von den Sowjets besetzte Kolonie mit einer kommunistischen Marionettenregierung. Auch östliche «Bruderländer» misstrauten ihren Deutschen – kein Wunder, so wenige Jahre nach dem Zweiten Weltkrieg. Immerhin bemühte sich die DDR gegenüber den befreundeten Ostblockländern, Misstrauen abzubauen. Sie verzichtete auf territoriale Revisionen, schloss am 6. Juni 1950 mit Polen den Görlitzer Vertrag und erkannte in der Warschauer Deklaration einen Monat später die Oder-Neiße-Grenze als Staatsgrenze an.

Fraglich blieb: Sollte die DDR ein starker Gegenpol zur Bundesrepublik sein oder handelte es sich bei ihr lediglich um einen Staat auf Bewährungsprobe? Ob der SED-Staat «Stalins ungeliebtes Kind» war,[5] wie es manche Historiker sehen, ist sehr umstritten, doch was immer Stalin genau im Schilde geführt haben mag, eines ist sicher: Die ostdeutschen Kommunisten drängten von Beginn an auf eine Staatsgründung – ihr lange gehegter Traum vom sozialistischen Deutschland sollte endlich Wirklichkeit werden und sei es auch nur als Rumpfgebilde. Mittlerweile hat die Forschung auch die heiß debattierte und heftig umstrittene Stalin-Note vom Frühjahr 1952 endgültig als großen Bluff des sowjetischen Diktators entlarvt.[6] Am 10. März ließ Stalin durch den stellvertretenden sowjetischen Außenminister Andrey Gromyko den Botschaften der Vereinigten Staaten, Großbritanniens und Frankreichs gleich lautende Noten über das Deutschlandproblem übermitteln. Ihr Inhalt war hoch brisant, denn Stalin schlug nichts Geringeres vor, als ein vereintes, souveränes und demokratisch verfasstes Deutschland mit einer Nationalarmee. Als Preis dafür forderte der sowjetische Diktator eine strikte Bündnisfreiheit und eine dauerhafte Anerkennung der Oder-Neiße-Grenze zwischen Deutschland und Polen. In ihrer Antwortnote lehnten die Westmächte den Vorschlag ab und forderten ihrerseits freie Wahlen in Gesamtdeutschland und freie Bündniswahl. Über den gesamten Sommer zog sich ein zunehmend hitzigeres Notengefecht hin. Heute ist klar: Von einem ernsthaften Angebot oder einer Chance für die Wiedervereinigung kann – anders als manche Zeitgenossen glaubten – keine Rede sein. In Moskau und in Ostberlin wusste man, dass der Westen ein vereintes, aber blockfreies, also neutrales Deutschland niemals akzeptieren würde. Wenn der Osten diese Wiedervereinigungsinitiative dennoch gerade zu jenem Zeitpunkt unterbreitete, als die Westintegration der Bundesrepublik in die entscheidende Phase eintrat, dann kann das Unterfangen zum einen als gezieltes Störmanöver bezeichnet werden. Zum anderen sollte die moralische Position des Westens angegriffen und ihm die Schuld an der deutschen Teilung in die Schuhe geschoben werden. Schließlich zielte die Stalin-Note darauf, den sowjetischen Machtbereich und den Aufbau des Sozialismus in der DDR abzusichern. Nachdem der Westen so reagiert hatte, wie es erwartet worden war, und die sowjetische Offerte zuerst in Bausch und Bogen verdammt, dann abgelehnt hatte, konnte der Osten trefflich behaupten, ihm bleibe ja gar nichts anderes übrig, als nun seinerseits seine Handlungsweise an die Realität anzupassen.

Als die Bundesregierung am 9. Mai 1952 die Verträge über die Europäische Verteidigungsgemeinschaft paraphierte, riegelte das SED-Regime die 140 Kilometer lange innerdeutsche Grenze vollständig ab. Entlang der Staatsgrenze wurde eine fünf Kilometer breite «Sperrzone» errichtet, unmittelbar an der Demarkationslinie legte man einen zehn Meter breiten «Kontrollstreifen» an sowie einen 500 Meter breiten «Schutzstreifen».[7] Bald kam es zu Zwangsumsiedlungen, und eine Direktive zum Waffengebrauch bekräftigte den Schießbefehl gegen Flüchtlinge. Am 12. Juli 1952 beschloss die zweite Parteikonferenz der SED den «planmäßigen Aufbau des Sozialismus». Das bedeutete die Einführung des stalinistischen Systems, eine Forcierung der politischen Gleichschaltungsprozesse, die Auflösung der alten Länder, den Ausbau eines Überwachungs- und Unterdrückungsapparats, die Zwangskollektivierung in der Landwirtschaft, politischen Druck und Kirchenkampf sowie eine politische Strafjustiz, genauer: Justizwillkür als Hebel der sozialen Umwälzungen. Auf Kosten der Konsumgüterindustrie stampfte die SED eine Stahlindustrie aus dem Boden. Der geheimen Militarisierung folgte die Phase einer offenen Aufrüstung. Die Versorgungslage der Bevölkerung verschlechterte sich von Tag zu Tag und die Steuerschraube wurde angezogen, wodurch die Lebensbedingungen zusätzlich erschwert wurden. Die Fluchtbewegung stieg immens an, Monat für Monat kehrten zwischen 20 000 und 58 000 Menschen – so im März 1953 – dem «Arbeiter- und Bauernstaat» den Rücken. Auch ereigneten sich erste Streiks in mehreren Betrieben. Im März 1953 starb der sowjetische Diktator Stalin, im Kreml brachen Diadochenkämpfe aus, die Machtverhältnisse waren labil, «Entstalinisierung» wurde verordnet und von Moskau aus ein «Neuer Kurs» ausgerufen. Mit einem Male waren die eifrigsten Stalinisten des Ostblocks, die SED-Genossen, alleine, verhedderten sich in einer widersprüchlichen Politik und erhöhten die Arbeitsnormen. Nun lief das Fass über. Die Erhöhung der Normen bildete den Anlass für den Streik mehrerer hundert Bauarbeiter der Stalin-Allee in Ost-Berlin, der sich am 17. Juni 1953 zu einem Volksaufstand gegen das SED-Regime ausweitete – einem der wenigen demokratischen Massenaufstände in der deutschen Geschichte. Nur vier Jahre nach der Staatsgründung erschütterte er das SED-Regime. Es war die bis dahin schwerste politische Krise im kommunistischen Machtbereich und noch 1989 steckte der alten Garde der SED-Führung dieser Schock als ein «Juni-Syndrom» in den Knochen. Was in Ost-Berlin bei mehreren hundert Bauarbeitern der Stalinallee als Proteststreik gegen die Erhöhung der Arbeitsnormen begann, weitete sich rasch zu einem politischen Aufstand aus, der nahezu die gesamte DDR erfasste. In über 500 Städten und Ortschaften kam es zu Unruhen, an denen sich bis zu einer Million Menschen aus allen Schichten beteiligten. Die Forderungen lauteten bald «freie Wahlen» und sogar «Wiedervereinigung». Seit 13 Uhr herrschte an jenem Tag Kriegsrecht. Sowjetische Truppen marschierten auf, unterstützt von mehreren Tausend Angehörigen der Kasernierten Volkspolizei. Panzer der Roten Armee schlugen den Aufstand blutig nieder, mindestens 51 Demonstranten und drei SED-Funktionäre kamen ums Leben, die Gefängnisse füllten sich mit mehr als 13 000 Personen, zwei Todesurteile wurden gefällt und über 1500 zum Teil langjährige Haftstrafen verhängt.

In der politischen wie auch in der Erfahrungsgeschichte der Ostdeutschen war der 17. Juni eines der wichtigsten Ereignisse überhaupt. Dies gilt in mehrfacher Hinsicht: Auch wenn sie scheiterte, grub sich die Freiheitsbewegung als Erfahrungsschatz fest in die Köpfe der Menschen ein, und man könnte sogar sagen, dass das, was 1953 misslang, 1989 glückte. Gleichzeitig jedoch wurde der Bevölkerung demonstriert, wie zwecklos es war, sich aufzulehnen. Das SED-Regime baute den Repressionsapparat gewaltig aus. Der Aufstand war die Geburtsstunde einer gigantischen inneren Aufrüstung gegen das Volk. Schlagartig war allen klar geworden, dass das SED-Regime ohne die Rote Armee, die es vor der eigenen Bevölkerung schützen musste, nicht überleben konnte. Ulbricht und seine Genossen regierten permanent gegen das Volk – der Aufstand widerlegte überdeutlich die Theorie von der Herrschaft der Arbeiterklasse im Sozialismus.[8]

Der «Vertrag über Freundschaft, Zusammenarbeit und gegenseitigen Beistand», wie der offizielle Titel des 1955 ins Leben gerufenen Warschauer Paktes lautete, war eine Reaktion darauf, dass die Bundesrepublik Deutschland in das westliche Bündnissystem der NATO aufgenommen wurde. In den ersten Jahren blieb das «rote Bündnis» ohne eigentliche militärische Funktion und war als politisches Verhandlungsobjekt konzipiert. Die neuerliche Berlinkrise seit 1958 änderte alles. Im Rahmen gigantischer Rüstungsprogramme sollten die Juniorpartner in die 1960 von der Sowjetunion formulierte Strategie des «allumfassenden Kernwaffenkrieges» eingebunden werden. Moskau wollte im Konfliktfall mit seinen osteuropäischen Hilfstruppen Westeuropa binnen weniger Tage überrennen. Allerdings debattierte der sowjetische Generalstab nie, welchen strategischen Wert ein Westeuropa gehabt hätte, das durch Tausende von Kernwaffen tödlich verstrahlt gewesen wäre. Der institutionelle Daseinszweck des Warschauer Paktes lag allerdings nicht in der Integration gleichberechtigter Partner in ein gemeinsames Militärbündnis, sondern darin, die sowjetische Hegemonie über Osteuropa zu sichern.[9] Dies sollte sich in allen Krisen des Ostblocks zeigen, 1956 bei der Ungarischen Revolution, 1961 beim Mauerbau, 1968 beim Prager Frühling und Anfang der 1980er Jahre in Polen.

Das kurze «Tauwetter» in Moskau und die Kritik am Stalinismus, die der neue starke Mann, Nikita Chruschtschow, auf dem XX. Parteitag der KPdSU im Februar 1956 vorbrachte, verstanden viele Menschen im Ostblock als ein Signal für eine umfassende Liberalisierung – ein fataler Trugschluss. Im Oktober begann in Budapest ein Volksaufstand, der den beliebten Reformkommunisten Imre Nagy an die Spitze der Regierung brachte.[10] Sein neuer Kurs galt strammen Kommunisten als «Konterrevolution», doch eine Volkserhebung ergriff das gesamte Land, Forderungen nach freien Wahlen wurden laut. Die Rote Armee intervenierte, was einen bewaffneten Widerstand auslöste, in dem ein paar Tausend Freischärler zunächst Erfolge gegen die sowjetischen Besatzer erzielen konnten. Die ungarische Regierung kam den Forderungen der Straße nach, akzeptierte ein Mehrparteiensystem, erklärte den Austritt des Landes aus dem Warschauer Pakt und strebte nach einer Neutralität Ungarns, ähnlich derjenigen Österreichs. Als die Sowjets Truppen aus Budapest abzogen, schien es für einige Tage so, als sei eine friedliche Entwicklung möglich. Es handelte sich jedoch nur um eine kurze Gnadenfrist vor dem blutigen Wendepunkt. Moskau fürchtete mit vollem Recht, Ungarn könne vom Ostblock abfallen und Nachahmer finden. Im Kreml überlegte man fieberhaft, wie dies verhindert werden könne, ohne das Gesicht zu verlieren. In dieser Situation kam es gelegen, dass Großbritannien und Frankreich – also zwei westliche Siegermächte des Weltkrieges – zusammen mit Israel den Suezkrieg entfachten, weil der ägyptische Präsident Nasser den Suezkanal verstaatlicht hatte. Zwei Krisen verknüpften sich.[11] Moskau drohte mit einem Atomkrieg. Im Sicherheitsrat versuchten Großbritannien und Frankreich eine Grundsatzdebatte der UNO über nationale Unabhängigkeit, Grundfreiheiten und Menschenrechte zu verhindern – diese hätte sich ja auch gegen ihre eigene Aktion am Suezkanal richten können. Die USA fürchteten um ihren Einfluss im Nahen Osten. Aufgrund dieses tiefen Risses kam es seitens der Westmächte nicht zu einem energischen Auftreten gegenüber der Sowjetunion. Als sich die Augen der Weltöffentlichkeit auf den Suezkrieg richteten und der neu aufgelegte Kolonialstil der beiden Westmächte Entsetzen hervorrief, ließ

Chruschtschow den Aufstand in Budapest am 4. November 1956 mit brutaler Härte niederwerfen. Es war eine Tragödie: Gerade als sich im Ostblock Freiheitsbewegungen rührten, griffen Engländer und Franzosen in der arabischen Welt ein. Wie sollte man angesichts dessen die Weltöffentlichkeit für Ungarn mobilisieren können?

Allen propagandistischen Getöses einer «Befreiungspolitik» zum Trotz hatte sich der Westen wieder nicht in einen Aufstand des Ostblocks eingemischt. Chruschtschow konnte sich bestärkt fühlen und lenkte den Konflikt nun gezielt auf das, was den Osten am meisten schmerzte: die Präsenz des Westens im eigenen Lager, nämlich in Berlin. Zusätzliche Stärke zog der Kremlchef daraus, dass die UdSSR im Weltlauf um das All vorne lag. Mit dem Start von Sputnik 1 am 5. Oktober 1957 hatte die Ära der Weltraumflüge begonnen. Den gesamten Westen erfasste ein «Sputnik-Schock», hatte doch die vermeintlich rückständige Sowjetunion und nicht Amerika den ersten künstlichen Erdtrabanten erfolgreich in die Umlaufbahn gebracht. War die sowjetische Supermacht der amerikanischen auch militärisch überlegen? Und nun die Offensive in Berlin.[12] Im Oktober 1958 sprach Walter Ulbricht davon, dass die DDR die Hoheitsgewalt für ganz Berlin beanspruche, einen Monat später, am 27. November 1958, ergingen sowjetische Noten an die drei Westmächte, die als «Berlin-Ultimatum» Berühmtheit erlangten und den Ost-West-Konflikt in den folgenden Jahren bis an die Schwelle des Krieges führten. Innerhalb von sechs Monaten, so die Forderung, müssten die Westmächte der Umwandlung West-Berlins in eine entmilitarisierte «Freie Stadt» zustimmen, d. h. ihre Truppen abziehen. West-Berlin ohne den Schutz der Amerikaner, Briten und Franzosen? Man benötigte nicht den Hauch von Fantasie, um sich auszumalen, was dies bedeutet hätte. Allerdings war die östliche Vermutung, man könne mit einem solchen Erpressungsversuch erfolgreich sein, keineswegs ein bloßes Hirngespinst, denn tatsächlich waren vor allem die Briten es leid, sich ständig mit dem Berlinproblem herumplagen zu müssen. Ulbricht drängte – es musste eine Lösung her. Doch zu seiner Enttäuschung setzte Chruschtschow sein Ultimatum mehrfach aus, weil er vor den unwägbaren Folgen zurückschreckte. Amerikaner und Franzosen blieben hart. Unterdessen schwoll der Flüchtlingsstrom immer weiter an, bald wäre die DDR am Ende. Es wurde immer offensichtlicher, dass dieser Staat regelrecht ausblutete. Die innerdeutsche Grenze war zwar «abgedichtet», doch 95 % der Flüchtlinge aus der DDR verließen das Land durch das «Schlupfloch» Berlin.

Zwischen 1945 und 1961 hatten dreieinhalb Millionen Menschen die SBZ und die spätere DDR verlassen. Besonders jüngere und gut ausgebildete Menschen stimmten mit den Füßen gegen die DDR ab.[13] Der zweite deutsche Staat drohte zusehends auch der Sowjetunion zu entgleiten. Würde, wenn dieser Vorposten fiele, dann nicht auch Polen, ja ganz Osteuropa verloren gehen? Musste man, so wird sich Nikita Chruschtschow gefragt haben, nicht den Brand- und Bettelbriefen Walter Ulbrichts endlich nachgeben und seine Pläne zur Abschottung akzeptieren?[14] Seit den 1950er Jahren hatte die SED ein Konzept nach dem anderen entworfen, das Loch West-Berlin zu stopfen. Die Teilstadt war «Pfahl im Fleische der DDR». Als Vorbereitung einer späteren Isolierung West-Berlins konnte die kostspielige Verlegung eines Eisenbahnringes rund um die Westsektoren gelten. Doch gleich kamen Chruschtschow wieder Zweifel: War das nicht Wahnsinn? Würde eine solche Aktion in der Welt nicht als Bankrotterklärung und ideologische Niederlage des Kommunismus wahrgenommen werden? Würde man damit entgegen allen Beteuerungen die Schuld an der deutschen Teilung auf sich laden? Und würde Moskau nicht den ziemlich renitenten Ost-Berliner Genossen zu weit entgegen kommen? Wedelte hier der Hund mit dem Schwanz oder der Schwanz mit dem Hund? Dass Ulbricht seine eigene Schwäche als Druckmittel für den Mauerbau nutzte und damit drohte, die chinesische Karte zu spielen, kostete ihn erhebliche Sympathien in Moskau. Zwischen China und der Sowjetunion zeichnete sich ein kommunistisches Schisma ab, daher war Chruschtschow auf die bedingungslose Unterstützung der osteuropäischen Staaten angewiesen.

Historiker haben sich lange mit der Frage beschäftigt, wann der Entschluss zum Mauerbau fiel und wer letzten Endes dafür verantwortlich war. Fündig wurden sie zuerst in den Erinnerungen des bundesdeutschen Botschafters in Moskau, Hans Kroll. Ihm gegenüber äußerte sich der Kreml-Chef folgendermaßen: «Man kann sich unschwer ausrechnen, wann die ostdeutsche Wirtschaft zusammengebrochen wäre, wenn wir nicht alsbald etwas gegen die Massenflucht unternommen hätten. Es gab nur zwei Arten von Gegenmaßnahmen: die Lufttransportsperre oder die Mauer. Die erstgenannte hätte uns in einen ernsten Konflikt mit den Vereinigten Staaten gebracht, der möglicherweise zum Krieg geführt hätte. Das konnte und wollte ich nicht riskieren. Also blieb nur die Mauer übrig. Ich möchte Ihnen auch nicht verhehlen, dass ich es gewesen bin, der letzten Endes den Befehl dazu gegeben hat. Ulbricht hat mich zwar schon seit längerem und in den letzten Monaten immer heftiger gedrängt, aber ich möchte mich nicht hinter seinem Rücken verstecken. Er ist viel zu schmal für mich.»[15] Natürlich war es unvorstellbar, dass die SED etwas tat, was Moskau nicht akzeptierte. So einfach wie Chruschtschow nach der erfolgreichen Aktion glauben machen wollte, war es jedoch nicht. Denn bis Anfang Juli kam aus Moskau offiziell immer nur ein entschiedenes «Nein!», wenn Ulbricht wieder mit dem Gedanken einer Mauer vorstellig wurde. Dieser setzte immer mehr alles auf eine Karte, da er sich selbst längst nicht mehr bei der Frage aufhielt: ob oder ob nicht, diese war für ihn entschieden. Vielmehr war er bereits bei Überlegungen zur technischen Umsetzung angelangt.[16]

Es spricht deshalb einiges dafür, eine berühmte Episode aus einer anderen Perspektive zu interpretieren als dies bisher meistens der Fall war. Auf der internationalen Pressekonferenz vom 15. Juni 1961 antwortete Ulbricht auf die Frage von Annemarie Doher von der «Frankfurter Rundschau», ob die Bildung einer Freien Stadt West-Berlin bedeute, dass die DDR ihre Staatsgrenze am Brandenburger Tor errichten werde, mit den immer wieder zitierten Worten: «Ich verstehe Ihre Frage so, dass es in Westdeutschland Menschen gibt, die wünschen, dass wir die Bauarbeiter der Hauptstadt der DDR dazu mobilisieren, eine Mauer aufzurichten. Mir ist nicht bekannt, dass eine solche Absicht besteht. Die Bauarbeiter unserer Hauptstadt beschäftigen sich hauptsächlich mit Wohnungsbau, und ihre Arbeitskraft wird dafür voll eingesetzt. Niemand hat die Absicht, eine Mauer zu errichten.»[17] War dies, wie man lange glaubte, wirklich nur eine Freudsche Fehlleistung, mit der sich Ulbricht bloßstellte und auf peinliche Weise seine wahren Gedanken verriet? Ist diese Einschätzung nicht zu simpel? Ulbricht war vieles, aber sicherlich nicht dumm. War es also eine bewusste Lüge? Oder war es nicht vielmehr – aus der Sicht des SED-Führers – eine kluge Strategie? Ulbricht goss bewusst Öl ins Feuer, damit die Flüchtlingswelle noch weiter anhob, und übte somit Druck auf die Sowjetunion aus, endlich einer Grenzschließung zuzustimmen, indem er die Lage verschärfte. Ulbricht beeinflusste direkt das Handeln der Blockführungsmacht: Der Schwanz wedelte tatsächlich mit dem Hund.

Vermutlich traf das endgültige «Ja» aus Moskau am 6. Juli 1961 in der sowjetischen Botschaft Unter den Linden in Ost-Berlin ein. Schon längst war in der DDR Material produziert und gehortet worden, immens viel Stacheldraht, unzählige Pfähle und anderer Baustoff. Auch die Logistik war angelaufen, denn ein solches waghalsiges Unternehmen konnte nicht von heute auf morgen oder improvisiert durchgeführt werden, sondern benötigte Vorlauf und penible Planung. Auf der Tagung der Warschauer Pakt-Staaten vom 3. bis 5. August 1961 wurden die Pläne nur noch zur Kenntnis genommen, beschlossen war bereits alles. Der später von Ulbricht behauptete «kollektive Willen» der Staaten des Warschauer

Pakts bestand im Abnicken einer Entscheidung, die zwischen Ost-Berlin und Moskau schon gefallen war.

Chruschtschow hatte nach langem Hin und Her sein Plazet gegeben. Doch er redete Ulbricht noch einmal streng ins Gewissen: Die Absperrung durfte keinen Millimeter über die Sektorengrenze hinausgehen, und verwendet werden sollte zunächst nur leicht bewegliches Material wie Stacheldraht. Erst wenn sich zeigte, dass der Westen keine Gegenmaßnahmen traf, war der Weg frei für eine massive Befestigung, die Mauer aus Stein. Dem mächtigsten Mann Osteuropas missfielen die hitzköpfigen Ambitionen des deutschen Genossen, und in der Tat hätte Ulbricht gerne weitere Maßnahmen gegen die westliche Präsenz in Berlin getroffen.

Doch auch so war Ulbricht zufrieden. Er hatte sein wichtigstes Ziel erreicht. Allerdings schlichen sich Befürchtungen und Sorgen in die Zufriedenheit ein. Würde der Coup gelingen? Das oberste Gebot hieß Geheimhaltung. Der SED-Chef wusste, dass sein Partei- und Staatsapparat von westlichen Agenten durchsetzt war. Man konnte fast niemandem trauen, und daher entschied er, nur einige wenige einzuweihen: Erich Mielke, den Minister für Staatssicherheit, Innenminister Karl Maron, Verteidigungsminister Heinz Hoffmann und Verkehrsminister Erwin Kramer. Ihnen allen gab er den Befehl, alles, was vorzubereiten war, nur mit der eigenen Hand zu schreiben und im eigenen Safe aufzubewahren. Er selbst wollte sich mit dem Gesamtkonzept befassen. Einige Tage später teilte er den Eingeweihten mit, dass er Erich Honecker als Stabschef der Aktion eingesetzt hatte. Dieser wusste: Jeder Fehler könnte sich für das Regime als tödlich erweisen. Musste man nicht mit Massenaufläufen der Menschen rechnen, mit offenem Widerstand, vielleicht sogar mit Schießereien? Mit Erleichterung nahm man zur Kenntnis, dass auf sowjetischer Seite der «Häuserkampfspezialist» Marschall Iwan St. Konew von Chruschtschow einbestellt worden war – er hatte bereits vor fünf Jahren bei der Niederschlagung des Ungarn-Aufstandes eine Schlüsselrolle gespielt; einen erfahreneren «Mitstreiter» gab es nicht. Ein Wochenende, so Ulbricht, wäre der geeignete Zeitpunkt für das Unternehmen Mauerbau, am besten ein Sonntag, die Menschen wären im Grünen gewesen, würden an nichts Böses denken, sich von der Arbeitswoche erholen und lange schlafen.

Einen Tag vor dem Mauerbau, am 12. August, traf sich die SED-Riege mit den führenden Vertretern der Blockparteien auf Ulbrichts Datsche, wo man sich mit Rauchwaren und Getränken verwöhnen ließ. Widerstand gegen die Grenzabriegelung würde es von diesen politischen Freunden nicht geben, so Ulbricht, aber: sicher war sicher; man nahm sie sozusagen in Gewahrsam, bis die Aktion angelaufen war. Als die fröhliche Gesellschaft kurz vor Mitternacht nach Hause fuhr, befanden sich auf der Chaussee nach Berlin bereits zahlreiche sowjetische Panzer. Kurz darauf begann die Abriegelung. Der Bau der Berliner Mauer 1961 war nach 1949 die zweite Geburt der DDR. Ohne die Anwesenheit sowjetischer Truppen wäre sie nicht möglich gewesen. Die Rote Armee war Geburtshelferin und der SED-Staat sollte zeitlebens auf sie angewiesen bleiben.

3. Erleichterung:
Der Westen und der Mauerbau

Hat der Westen den Mauerbau provoziert? Trägt er eine Mitschuld? Oder hat er zumindest Chruschtschow und Ulbricht gleichsam dazu eingeladen, die Sperrmaßnahmen zu ergreifen, indem er im Voraus sein Einverständnis signalisierte? Dies sind schwer wiegende Fragen. Eines jedenfalls steht fest: Während die meisten Deutschen über den Mauerbau bestürzt waren, blieben Washington, London und Paris gelassen. Was bei den einen tiefen Schock hervorrief, bewirkte bei den anderen große Erleichterung.

Im Januar 1961 hatte der neue amerikanische Präsident, John F. Kennedy, sein Amt angetreten.[1] Der ebenso gut aussehende wie einnehmende, dynamische junge Mann schien eine neue Zeit zu verkörpern – auf ihm ruhten viele Hoffnungen der westlichen Welt. Allerdings hatte er ein denkbar schlechtes Entree, das nichts Gutes für die Zukunft ahnen ließ: Eine von der CIA unterstützte Invasion von Exilkubanern in der Schweinebucht, die das seit 1959 bestehende kommunistische Regime Fidel Castros zu Fall bringen wollte, musste im April 1961 unter sowjetischen Drohungen Hals über Kopf abgebrochen werden. Ein Fiasko für die USA. Chruschtschow triumphierte. Der mit allen Wassern gewaschene Kremlchef glaubte, mit dem unerfahrenen Mann aus dem Weißen Haus Katz und Maus spielen zu können, und als beide im Juni 1961 in Wien anlässlich eines Gipfeltreffens der Supermächte zum offenen Schlagabtausch zusammentrafen, gab sich Chruschtschow dem Amerikaner gegenüber fast brutal, drohte im Konflikt um Berlin unverhohlen mit Krieg. Kennedy seinerseits beendete das Gespräch mit dem Hinweis, dass es wohl ein kalter Winter werden würde.

Sollte man wegen Berlin einen Krieg riskieren? Im April hatte Präsidentenberater Dean Acheson, ein «Falke», eine kompromisslose Berlinpolitik empfohlen, notfalls um den Preis eines konventionellen Krieges. Als der Hardliner Acheson dieses Konzept im Auftrag Kennedys den britischen Verbündeten erläuterte, stand den Briten der Schweiß auf der Stirn. Mit dem britischen Premierminister Harold MacMillan war dies unter keinen Umständen zu machen, er wollte nicht in den Krieg ziehen und für die Deutschen schon gar nicht. Für dieses Volk hatte er nichts übrig und er verbarg auch nicht, dass er ein Gegner einer deutschen Wiedervereinigung war. MacMillan wäre sogar bereit gewesen, mit Moskau über die Anerkennung der DDR zu sprechen, auch über die Unterbrechung der politischen Bindung zwischen West-Berlin und der Bundesrepublik Deutschland. Hauptsache, es herrschte dort endlich Ruhe. In Paris stellte man sich ebenfalls die Frage «mourir pour Berlin?» – «für Berlin sterben?» – war das nicht zu viel verlangt? General de Gaulle war zwar immer ein Mann der starken Worte, und dass er für die Deutschen auch eine Art fröstelnde Bewunderung hegte, wusste man. Aber Frankreich führte im nordafrikanischen Algerien, das nach Unabhängigkeit strebte, einen grausamen Krieg, der das Mutterland zerriss. Die Krise um Berlin kam aus französischer Sicht zum unpassendsten Moment, den man sich denken konnte.

Kennedy war kein Hitzkopf. «Wir suchen Frieden, aber wir werden nicht kapitulieren», lautete seine Devise.[2] US-Außenminister Dean Rusk und US-Verteidigungsminister Robert McNamara entwickelten in der Folgezeit eine neue, eine defensive Berlin-Strategie. Danach ging es nicht mehr um Berlin insgesamt, sondern nur noch um den Westteil der

Stadt. Nun wurde zwischen vitalen westlichen und nichtvitalen westlichen Interessen unterschieden. Die berühmten «Three Essentials», die Kennedy am 25. Juli 1961 im Fernsehen präsentierte, zeigten der östlichen Seite die rote Linie, die aus amerikanischer Sicht nicht überschritten werden durfte: 1. Anwesenheit westlicher Truppen in Berlin, 2. freier Zugang nach Berlin und 3. Freiheit und Lebensfähigkeit Berlins – all dies bezog sich wohlgemerkt nur auf den Westteil. Erstmals sprach ein amerikanischer Präsident von West-Berlin statt von Berlin. Man könnte dies als eine «Einladung» Kennedys an den Osten interpretieren, Absperrungsmaßnahmen vorzunehmen. Der amerikanische Präsident machte klar, dass eine separate Friedensregelung zwischen der Sowjetunion und der DDR zur Konfrontation führen würde, eine Sperrung der Grenzen nach West-Berlin jedoch nicht. Dies war auf den ersten Blick eine erstaunliche Aufforderung zum Handeln, allerdings muss man beachten, dass zu diesem Zeitpunkt Ulbricht schon längst den Mauerbau plante. Durch Kennedys Fernsehansprache wurde allenfalls der Termin vorverlegt, an der grundsätzlichen Idee änderte es überhaupt nichts.

Am 16. August 1961, drei Tage nach dem Mauerbau, wartete die BILD-Zeitung mit einer der berühmtesten Schlagzeilen des Kalten Krieges auf: «Der Osten handelt – was tut der Westen? Der Westen tut NICHTS. US-Präsident Kennedy schweigt ... MacMillan geht auf die Jagd ... und Adenauer schimpft auf Brandt.» Und in den folgenden Wochen erschien BILD mehrfach mit einer von Stacheldraht gerahmten Titelseite. Ein verzweifelter Aufschrei, der den Zeitgenossen, die den Schlag des Ostens wegstecken mussten, berechtigt schien: Kennedy schwieg, weil er die Grenzsperrung als defensive Maßnahme des Ostens interpretierte. Keines seiner «Three Essentials» war verletzt worden, der Osten respektierte, was der Westen als seine elementarsten Interessen betrachtete. Im Weißen Haus war man sich sicher: Der Mauerbau signalisierte, dass Chruschtschow nach jahrelangem Powerplay nachgab. Denn würde man eine Mauer bauen, wenn man das Gebiet jenseits von ihr in Besitz nehmen möchte? MacMillan befand sich auf Moorhuhnjagd in Schottland und blieb dort auch. Die Lage war in seinen Augen gut: Die deutsche Frage war nun festgemauert, die deutsche Teilung zementiert, die Berlinkrise entschärft – alle Ziele also erreicht. Der französische Präsident de Gaulle saß auf seinem Feriensitz in Colombey-les-Deux-Églises, bekundete von dort aber immerhin Beistand für die Menschen in Ostdeutschland.

Noch nie zuvor konnte eine Nation am Fernsehbildschirm zuschauen, so schrieb Marion Gräfin Dönhoff am 18. August in «Die Zeit», «wie für einen Teil ihrer Bevölkerung das Kreuz zurechtgezimmert wurde». Niemand in der Bundesrepublik unternehme etwas Sinnvolles. Zwei Minuten Arbeitsruhe, zu denen die Gewerkschaften aufgerufen hatten, waren fast alles. Ein Sprecher des Auswärtigen Amtes sagte am Tag nach dem Mauerbau, die Vorgänge seien so ungeheuerlich, dass es genüge, das Ausland darüber zu informieren. Genügte dies wirklich? Gräfin Dönhoff mahnte an: «Warum wird die UN nicht angerufen? Selten gab es einen Fall, der so geeignet war für dieses Gremium wie die Schande des Ulbricht-Staates. Ist nicht das simpelste, das letzte aller Menschenrechte das Recht auf ungehinderte Flucht? (...) das Schlimmste, was ein Staatsmann in einer solchen Situation tun kann, ist doch, nichts zu tun, denn das kommt einer Bankrotterklärung gleich.»[3] Damit nahm die Gräfin Konrad Adenauer ins Visier.

Bundeskanzler Adenauer zögerte und zauderte.[4] Dies war eine Folge deutschlandpolitischer Ratlosigkeit, ja Resignation. Auch Außenminister Gerhard Schröder wusste weder ein noch aus. Der Vorhang, hinter dem man die deutschlandpolitischen Konzepte der letzten Jahre vermutet hatte, war mit einem Mal weggezogen – und die Bühne war leer. Es kam einem Offenbarungseid gleich. Am Tag des Mauerbaus gab es eine Erklärung der Bundesregierung: «Im Verein mit unseren Alliierten werden die erforderlichen Gegenmaßnahmen getroffen. Die Bundesregierung bittet alle Deutschen, auf diese Maßnahmen zu vertrauen»[5] – nichtssagender hätte die Botschaft kaum ausfallen können. Erst am 22. August reiste Adenauer nach Berlin – der amerikanische Vizepräsident Lyndon B. Johnson hatte nicht so viel Zeit benötigt, um den Atlantik zu überqueren und sich in der «Frontstadt des Kalten Krieges» zu zeigen. Es war Wahlkampf in der Bundesrepublik, im September sollte ein neuer Bundestag gewählt werden. Entschlossen verunglimpfte Adenauer auf seiner Wahlkampftour in Westdeutschland jenen Mann, der im fernen Berlin an vorderster Front stand und den kommunistischen Diktatoren die Stirn bot: Willy Brandt. Der Regierende Bürgermeister von Berlin war SPD-Kanzlerkandidat, und Adenauer fiel in dieser welthistorischen Stunde nichts Besseres ein, als Brandt seine uneheliche Geburt vorzuhalten. Dieser wiederum begrüßte den Kanzler, als er nach zehn Tagen endlich auf dem Flughafen Berlin-Tempelhof landete, eisig: «Es wird für den Chef der deutschen Regierung sicherlich von Interesse sein, wie sich die Unrechtsmaßnahmen des 13. August in dieser Stadt ausgewirkt haben.»[6]

Alles, was zeitgenössisch vorgeschoben wurde, um Adenauers Verhalten zu erklären, ist Unfug: Hätte sein Erscheinen wirklich die Situation aufgeheizt und zu einem Volksaufstand geführt? Wollte er einer möglichen Festsetzung in Berlin durch das SED-Regime oder die Sowjets vorbeugen? Durfte ein Kanzler in Krisenzeiten den Regierungssitz nicht verlassen? Adenauer wartete auf die Reaktion der Alliierten; und er wollte seinen politischen Gegner, Brandt, nicht durch einen Schulterschluss aufwerten. Dies waren die Gründe, warum er so lange nicht in die kriegsversehrte und nun auch noch geteilte deutsche Hauptstadt kam. Viele, so auch Verteidigungsminister Franz Josef Strauß, hatten ihm geraten, sofort nach Berlin zu fliegen. Als Adenauer schließlich an der Mauer ankam, höhnte es aus SED-Lautsprecherwagen: «Guten Tag auch Herr Bundeskanzler (...) wir haben gehandelt, wir waren so frei.»[7]

6 Mauer-Propaganda in der Bernauer Straße in Berlin, 1961. Blick von der Westseite.

Wie viele Deutsche, so war auch der Regierende Bürgermeister von Berlin, Willy Brandt, geschockt. Er klagte die Untätigkeit der Amerikaner an, glühte vor Zorn, musste sich indes vom kaltblütigen John F. Kennedy zurechtweisen lassen. Die sowjetisch-ostdeutsche Aktion konnte für die Kennedy-Administration keine Überraschung sein. Allerdings hat sie die psychologischen Folgen des Mauerbaus schlichtweg unterschätzt. Das deutsch-amerikanische Verhältnis geriet in eine tiefe Vertrauenskrise. War, so fragten sich viele Berliner, auf die Schutzmacht noch Verlass, wenn es wirklich einmal darauf ankommen sollte? Noch am Tag des Mauerbaus sprach Brandt vor dem Berliner Abgeordnetenhaus: «Die Abriegelung der Sowjetzone und des Sowjetsektors von West-Berlin sind empörendes Unrecht. Sie bedeuten, dass mitten durch Berlin nicht nur eine Art Staatsgrenze, sondern die Sperrwand eines Konzentrationslagers gezogen wird. Mit der Billigung der Ostblockstaaten verschärft das Ulbricht-Regime die Lage um Berlin und setzt sich erneut über rechtliche Bindungen und Gebote der Menschlichkeit hinweg. Der Senat von Berlin erhebt vor der Welt Anklage gegen die widerrechtlichen und unmenschlichen Maßnahmen der Spalter Deutschlands, der Bedrücker Ost-Berlins und der Bedroher West-Berlins.»[8] Auch Wolfgang Schollwer, ein bedeutender deutschlandpolitischer Vordenker der FDP, trug am Tag des Mauerbaus in sein Tagebuch ein, die DDR sei nun ein «riesige(s) Konzentrationslager für 17 Millionen Deutsche».[9] Gegen DDR-Uniformierte an der Grenze skandierten West-Berliner immer wieder: «Verräter» und «KZ-Schergen».

In einem Brief an Kennedy forderte Brandt energische Schritte, ohne dies mit der Bundesregierung und dem Auswärtigen Amt abgesprochen zu haben. Der amerikanische Präsident war ungehalten, ja sichtlich verärgert über den Tonfall und den Inhalt des auffordernden Schreibens und antwortete kühl: «Da die brutale Abriegelung der Grenzen ein schallendes Bekenntnis des Scheiterns und der politischen Schwäche darstellt, handelt es sich offensichtlich um eine grundlegende sowjetische Entscheidung, die nur ein Krieg rückgängig machen könnte. Weder Sie noch wir noch irgendeiner unserer Verbündeten haben je angenommen, dass wir wegen dieses Streitpunktes einen Krieg beginnen sollten.»[10] Im Nachhinein hat der Regierende Bürgermeister dem Präsidenten Recht geben müssen. Zeitgenössisch jedoch stand er vor der schwierigen Aufgabe, eine Quadratur des Kreises zu schaffen: Er musste Empörung artikulieren, denn das Menschenverachtende des Vorgangs schrie zum Himmel, und er musste sie zugleich dämpfen, denn die Stimmung war so aufgeladen, dass ein paar falsche Sätze genügt hätten, und West-Berliner hätten den Osten gestürmt, ein Blutbad wäre womöglich unvermeidlich gewesen. Wie kritisch die Lage war, zeigte sich am 16. August, als Brandt vor dem Schöneberger Rathaus vor 300 000 Menschen sprach, die auf Gegenmaßnahmen drängten. In der Menge konnte man zahlreiche Plakate sehen «Passivität ist Verrat an Berlin» oder

«Lieber tot als rot».[11] War die Abriegelung der Stadt nur ein Schritt zu weiteren Maßnahmen? Brandt beschwor die Schutzmächte, keine Neuauflage der Beschwichtigungspolitik einzuschlagen; die «Appeasement»-Politik hätte schon die Kriegspolitik Hitlers nicht verhindert. «In den vor uns liegenden Wochen und Monaten», so der Regierende Bürgermeister, «wird es darum gehen, dass Berlin nicht ein neues München wird.» Was wäre passiert, wenn an jenem 16. August sich die Menge nicht zurückgehalten hätte, wenn 300 000 Menschen in Richtung Mauer marschiert wären? Hätten die Sowjets geschossen und damit das Eingreifen der Westalliierten riskiert?

Mit einer ebenso dramatischen wie instinktsicheren Geste gelang es Kennedy, die West-Berliner wieder auf seine Seite zu bringen: Er entsandte Vizepräsident Lyndon B. Johnson sowie – und vor allem – den «Helden» der Berliner Luftbrücke von 1948, General Lucius D. Clay, zusammen mit einer Kampftruppe von 1500 Mann der 8. Infanteriedivision aus Mannheim nach Berlin, um Entschlossenheit zu bekunden. Es war ein Test der «Three Essentials», die ja auch den freien Zugang nach Berlin über DDR-Territorium vorsahen. Über eine Million West-Berliner waren auf den Straßen und empfingen den Verband mit überschäumendem Jubel, so «als kehrten die eigenen Söhne siegreich zurück», wie es Egon Bahr, damals Pressechef des Berliner Senats, einmal ausdrückte.[12] Diese Demonstration der Solidarität war Balsam für die Seelen der tief verunsicherten Menschen. Aber daran, dass der Westen den Mauerbau tatenlos hinnahm, änderte dieser symbolische Akt nichts.

Mittlerweile hat die Forschung herausgefunden, dass die Geheimdienste schon länger wussten, was sich in Berlin anbahnte. Dies galt nicht nur für die alliierten Dienste, sondern auch für den westdeutschen. Der Bundesnachrichtendienst lieferte am 9. August 1961 Informationen über die bevorstehende «totale Absperrung» West-Berlins. Bereits in den Wochen zuvor hatte «Pullach intern» immer wieder drei Möglichkeiten skizziert: Erstens die totale Blockade wie während der Berlinkrise 1948, zweitens die Forderung Moskaus nach Kontrolle der West-Berliner Flughäfen durch die Sowjets oder die DDR-Behörden, und drittens die Abriegelung der Sektorengrenze. Das Interesse vieler Politiker an diesen Informationen war eher begrenzt; doch wer wissen wollte, dass sich etwas Alarmierendes regte, konnte es wissen. Die Sowjetunion, so der BND, verstärkte zwischen Mai und August 1961 ihre Truppen in der DDR um über 37 000 Mann und 700 zusätzliche Panzer; damit war die Mannschaftsstärke der Roten Armee in Mitteleuropa im Vorfeld des Mauerbaus um etwa 25 Prozent auf weit mehr als eine halbe Million Mann erhöht worden. Wenn die Sowjetunion fast ein Drittel ihrer gesamten Landstreitkräfte mobilisierte, musste man doch zumindest die Frage nach dem «Warum?» stellen.[13]

Gab es Alternativen? Hätte der Westen andere Möglichkeiten gehabt zu reagieren? Warum wurde nicht eine einzige Warnung ausgesprochen? Sicher war: Ein Niederreißen der Sperranlagen hätte zu militärischen Verwicklungen geführt. Außerdem wäre es – realistisch betrachtet – vollkommen nutzlos gewesen, denn der Osten hätte die Mauer einige wenige Meter hinter der Demarkationslinie wieder errichten können. Indessen: Hätte man nicht ökonomische Sanktionen verhängen können? In den Ostblockländern war die wirtschaftliche Situation katastrophal; vielleicht wären die Herrscher zum Einlenken gezwungen gewesen, wenn der Westen die Wirtschaftsbeziehungen abbrach, vielleicht wäre der Konflikt aber auch verschärft worden und damit unberechenbar geworden. Allerdings: Zwischen Krieg und Nichtkrieg gab es eine Vielzahl von Möglichkeiten, es hätte die Stunde der Diplomatie schlagen können. Doch offenbar wollte man das nicht, weder im Westen und schon gar nicht im Osten. Stattdessen lieferten sich die Supermächte vor den Augen der Weltöffentlichkeit fast ein Duell, und schuld daran war wieder einmal das SED-Regime, das mit gezielten Nadelstichen die Amerikaner provozierte.

War Berlin das neue Fort Alamo? 1836 hatten sich dort im texanischen Unabhängigkeitskampf ganz wenige Verteidiger gegen eine mexikanische Übermacht gewehrt, was ihnen ewigen Ruhm bescherte. Nun im Oktober 1961 kam es am Checkpoint Charlie an der Friedrichstraße, wo Kreuzberg an Berlin-Mitte grenzt und sich NATO und Warschauer Pakt so nahe waren wie sonst nirgends auf der Welt zur Konfrontation zwischen Amerikanern und Sowjets. «Es sieht so aus, als ob wir vor einem Showdown stehen könnten» – so die Worte von General Lauris Norstad, dem Oberbefehlshaber der NATO.[14] Erstmals in der Geschichte gingen amerikanische und sowjetische Truppen gegeneinander direkt in Stellung, die sowjetische Übermacht war erdrückend. Bisher war der Ost-West-Konflikt immer nur von Stellvertretern ausgetragen worden, nun jedoch standen sich 16 Stunden lang nur wenige Meter voneinander getrennte Kampfpanzer mit scharfer Munition gegenüber. Eine Fehleinschätzung, eine Kurzschlusshandlung hätte zum Krieg führen können. Der sowjetische Verteidigungsminister berichtete Chruschtschow, dass vier mit Nuklearraketen bestückte amerikanische U-Boote der Polaris-Klasse im Nordmeer auf Gefechtsposition seien. Es ging also nicht mehr allein um den weißen Strich von wenigen Zentimetern Breite auf dem Asphalt an der Friedrichstraße, der den Eisernen Vorhang markierte.

Seit Wochen hatte sich der Konflikt hochgeschaukelt: An den Übergangsstellen in den Ostsektor Berlins sollten sich, so wollte es das SED-Regime, die politischen und militärischen Vertreter der Westalliierten ausweisen und von Angehörigen der ostdeutschen Volkspolizei kontrollieren lassen. Dieses Ansinnen hätte den Vier-Mächte-Status von Berlin auf den Kopf gestellt. Deutsche Beamte, also die Besiegten, sollten Angehörige der Siegermacht kontrollieren – für die Amerikaner war dies unter keinen Umständen akzeptabel. Trotzdem verweigerten Anfang Oktober DDR-Polizisten einem US-Offizier in Zivil den Zugang nach Ost-Berlin, weil er sich nicht ausweisen wollte; amerikanische Militärpolizisten brachten den

Amerikaner im Jeep zu seinem Ziel. Um weiteren Grenzprovokationen vorzubeugen, ließ General Clay am Checkpoint Charlie fünf Panzer vom Typ M-48 auffahren, an deren Front große Räumschilde montiert sind. Panzer mit Bulldozerschaufeln bestückt – dies hatte nur Sinn, wenn man ein Mauerwerk oder Ähnliches einreißen wollte. Am folgenden Tag provozierte die DDR-Regierung in ähnlicher Weise, Clay ließ nun zehn Panzer auffahren, zwei von ihnen brausten mit Bulldozerschaufeln auf den weißen Strich zu, der die Sektorengrenze markierte, und stoppten abrupt erst unmittelbar davor. In der Nacht wurden 33 sowjetische Panzer nach Berlin verlegt, neueste Modelle im Arsenal des Ostblocks vom Typ T-54. Mit scharfer Munition standen sich die militärischen Ungetüme am Checkpoint Charlie gegenüber. Clay hatte erreicht, was er wollte: Vor den Augen der Weltöffentlichkeit zeigten die Russen, dass sie die Herren in Ost-Berlin waren – und nicht das SED-Regime. Am Morgen des 28. Oktober 1961 zogen die sowjetischen Panzer ab, kurz darauf die amerikanischen. Somit blieb der Status Quo gewahrt, die Sowjetunion bekannte sich zu ihren Pflichten als Besatzungsmacht in Berlin, die SED-Führung musste klein begeben und die USA akzeptierten weiterhin als Verhandlungspartner ausschließlich ihren früheren Verbündeten UdSSR und nicht die DDR.[15]

Erst ein Jahr später jedoch endeten die gefährlichsten Monate in der gesamten Ära des Kalten Krieges, in denen der Frieden mehrmals auf Messers Schneide stand und die Weltkriegsgefahr akut war. Chruschtschow hatte sich für eine Strategie der globalen Konfrontation entschieden und die Sowjetunion begann sich überall auf der Welt zu engagieren – auch vor der Haustür der USA, auf Kuba. Im Oktober 1962 hätten es Kennedy und seine Berater, anders als im Jahr zuvor wegen Berlin, vermutlich auf einen Nuklearkrieg ankommen lassen, um die Stationierung einer sowjetischen Atombasis auf Kuba zu verhindern. Wie Duellanten blickten sich Chruschtschow und Kennedy damals in die Augen – der Russe blinzelte und gab nach. Ein amerikanisches Sprichwort lautet: Wenn sich zwei gegenüberstehen, hat derjenige verloren, der zuerst blinzelt. Chruschtschow entgegnete darauf: Manchmal blinzele eben nicht der Schwächere, sondern der Weisere.[16] Eine Antwort auf die letzte aller Fragen, ob er nämlich den jungen Präsidenten wirklich unterschätzte, hätte er nur um den Preis der totalen Vernichtung der Welt erhalten. Dieser Einsatz war ihm glücklicherweise zu hoch.

4. Eingemauert:
Die Mauer als «Beruhigungsfaktor»

Mit dem Bau der Berliner Mauer war einer der schwersten Krisenherde nach 1945 gelöscht. Durch den bekräftigten Schutz der Westmächte konnten sich die West-Berliner sicherer fühlen als je zuvor. In die so lange explosive Berlinfrage kehrte Ruhe ein. Beide Supermächte und auch die kleineren Alliierten – die Lippenbekenntnisse abgaben, aber eine deutsche Wiedervereinigung nicht wollten – zeigten sich zufrieden. Denn als drängendes Problem erschien die deutsche Frage auf der internationalen Agenda nicht mehr. Fortan verlagerte sich der Ost-West-Konflikt in die «Dritte Welt» und wurde in Gestalt der Stellvertreterkriege ausgetragen; in Europa indessen waren die Einflusssphären abgesteckt. Die Leidtragenden dieses Arrangements jedoch waren die Ostdeutschen, denen die westlichen Solidaritätsbekundungen und Sonntagsreden an die «Brüder und Schwestern» wie Hohn vorkommen mussten. In der Bundesrepublik führte das überparteiliche Kuratorium «Unteilbares Deutschland» einen zunehmend vergeblichen Kampf gegen das Vergessen, denn die Schweigemärsche und öffentlichen Proklamationen verzeichneten eine immer geringere Resonanz. Hatte die Politik die Ostdeutschen nicht schon längst abgeschrieben?

«Unheilbares Deutschland» und «Unteilbare D-Mark» avancierten zu stehenden Begriffen.[1] Ein Jahr nach dem Bau der Mauer verkündete Bundeskanzler Konrad Adenauer über das Fernsehen: «Wir wissen, dass wir die Wiedervereinigung nicht sehr bald erreichen können.» Und direkt an die Ostdeutschen gewandt, sagte er: «Halten Sie aus. Die Geduld bedeutet viel im Leben, und das Ausharren ist eine große Kraft.» Wusste der Kanzler, was er hier verlangte? War diese Botschaft noch ein Deut mehr als pure Resignation und Fatalismus? Die nur mehr vagen Verheißungen, getragen von Schwermut, und die im Überirdischen Zuflucht suchenden Aufrufe wurden zu einem Ausdruck eklatanter deutschlandpolitischer Hilflosigkeit.

Pathosformeln und Alibi-Veranstaltungen waren nicht nur Ausdruck von Verlegenheit, sondern häufig genug peinlich. Wer interessierte sich noch dafür? Am 13. August 1963 sendete das Erste Deutsche Fernsehen eine Reportage von Matthias Walden «Gedenken ohne Gedanken», die am «Tag der deutschen Einheit», also dem 17. Juni, desselben Jahres aufgenommen worden war und ein Erholung findendes sowie angetrunkenes «Testvölkchen» vorführte, das an diesem schönen Vorsommertag an alles dachte, nur nicht an die deutsche Einheit. «Der Spiegel» wiederum kommentierte diese vorgefundene bundesdeutsche Wirklichkeit mit einem Zitat aus Tacitus' «Germania»: «Dieses Volk, nicht verschlagen noch durchtrieben, verrät in fröhlicher Stimmung immer noch die Geheimnisse seines Herzens.» Die Segnungen des Wirtschaftswunders und die Freuden des Konsumkapitalismus schienen vielleicht noch nicht den meisten, aber einer zusehends größer werdenden Zahl der Bundesbürger wichtiger zu sein als die Pflege eines gesamtdeutschen Nationalbewusstseins. Aus der wohlfeilen und rituell proklamierten Formel «Einheit in Freiheit» war tatsächlich schon längst, wie «Der Spiegel» süffisant vermerkte, eine «Einheit in Freizeit» geworden, die nur noch den Westen betraf.

«Wiedervereinigungssektierer» spottete man im Bonner Regierungsviertel manchmal über jene Politiker, die die gesamtdeutschen Belange hochhielten. Noch blieb indessen das Gefühl eines gewissen Unbehagens, ein schlechtes Gewissen.

Der Blick der Ostdeutschen auf die Mauer drückte aus, was das Leben in diesem Land zentral beherrschte: Enge, Eingesperrtsein und Abschottung. Vor allem junge DDR-Bürger ließ das Reiseverbot mit ihrem Staat hadern. Dass die Mauer Freunde und Bekannte voneinander trennte und Familien zerriss, wusste auch die SED, die darauf der Bevölkerung gegenüber mit einer Kleinkind-Pädagogik reagierte: «Es geht in erster Line nicht darum, ob Onkel Max Tante Trude besuchen kann, sondern darum, wie wir den Frieden sichern, weil das nämlich die Vorraussetzung ist, dass Onkel Max und Tante Trude lebendig und auf blühender Erde zueinander kommen könnten, statt sich im atomaren Massengrab wieder zu finden.»[2] Die Mauer war ständig präsent und bedrückend, doch die meisten Menschen in der DDR verdrängten sie in ihrem Alltag, so gut es eben ging. Ob die hohe Selbstmordrate in der DDR mit der Mauer, mit dem Eingeschlossensein zu tun hatte, ist umstritten – jedenfalls gab es außer in Finnland nirgendwo auf der Welt prozentual so viele Suizide.[3]

Aber so paradox es klingen mag, die Mauer beruhigte auch hier – und zwar nicht nur im Sinne von «Friedhofsruhe». Mit der Mauer war das letzte Schlupfloch gestopft, jeder DDR-Bürger musste sich darauf einstellen, sein gesamtes Leben in Ostdeutschland zu verbringen. Wie immer in der Geschichte verharrte die Mehrzahl der Menschen nicht auf unbestimmte Zeit in Trotzpose und Widerstandshaltung. Dies machte die Deutschen östlich der Elbe nicht zu gläubigen Kommunisten, sie richteten sich vielmehr in der DDR ein und waren stolz auf ihre Aufbauleistungen, die sie trotz aller äußeren und inneren Schwierigkeiten im Laufe der Zeit vollbracht hatten.[4]

Konsolidierung durch Abschottung, könnte man es so beschreiben? Gelang es der SED durch den Mauerbau, die DDR langfristig zu festigen – oder war ihr durch diese Maßnahme bloß eine kurze Atempause vergönnt?[5] Günter Grass schrieb vom Westen aus am 16. August 1961 einen offenen Brief an den ostdeutschen Schriftstellerverband, in dem es hieß: «Stacheldraht, Maschinenpistole und Panzer sind nicht die Mittel, den Bürgern Ihres Staates die Zustände in der DDR erträglicher zu machen. Nur ein Staat, der der Zustimmung seiner Bürger nicht mehr sicher ist, versucht sich auf diese Weise zu retten.»[6] Stephan Hermlin, sein ostdeutscher Schriftstellerkollege, erwiderte tags darauf, nicht der Bau der Berliner Mauer habe die Spaltung der Stadt verursacht, sondern die Gründe dafür lägen viel früher, nämlich in der Währungsreform von 1948; nicht wenige Intellektuelle in der DDR, die den Mauerbau unterstützten, sahen dies genauso. Hatte nicht die «Wühlarbeit des Klassenfeindes» oder der Ewiggestrigen in der «faschistoiden» Bundesrepublik der DDR geschadet? Konnte deshalb nur der Mauerbau die DDR endlich stabilisieren? Um diese Meinung zu vertreten, musste man nicht so weit gehen wie der unnachahmliche Propagandist Karl-Eduard von Schnitzler, der im DDR-Fernsehen gegen die «geistigen Grenzgänger» wetterte: «‹Man muss auch die andere Seite hören, um sich eine richtige Meinung bilden zu können!› Welch ein Unsinn! Lernen wir in der Schule erst falsch rechnen, um dann richtig zu rechnen? Schlucken wir Gift, um auszuprobieren, ob Arzt oder Apotheker auch wirklich recht haben?»[7] Nun also die Bewährungsprobe: Es sollte sich in der Praxis erweisen, dass der Sozialismus dem Kapitalismus überlegen war. Wenn fortan gravierende Mängel auftauchten, kam man nicht darum herum, nach systemimmanenten Erklärungen zu suchen. «Überholen ohne einzuholen», dieser grandiose Slogan aus der Zeit vor dem Mauerbau, hatte das Ziel beinhaltet, dass man das Negative des Westens gar nicht einholen wollte, sondern das eigenständig Positive auszubauen trachtete. Jetzt konnte diese neue Zeit ungehindert anbrechen und die sozialistische Utopie endlich Strahlkraft erlangen.

Ohne Zweifel rettete die Mauer den «Arbeiter- und Bauernstaat» aus einer akuten ökonomischen und politischen Krise. Dass der Massenexodus der Menschen unterbunden wurde, war die grundlegende Voraussetzung für eine Erho-

7 Neues Selbstbewusstsein: Die Ost-Berliner Propaganda nutzt im April 1965 ein Foto, das den Organisator der Luftbrücke, General Lucius D. Clay, bei seinem Besuch an der Mauer im August 1961 zeigt.

lung. Nun konnte die SED ein Reformprogramm in Gang setzen, das dem Land einen Modernisierungsschub verpasste.[8] Überall auf der Welt brach in den 1960er Jahren eine Planungseuphorie aus, nicht nur in den sozialistischen Staaten, auch im Westen. Fortschritt, so dachte man, sei machbar, planbar. Und die Basis für alle künftigen Errungenschaften war die Ausbildung junger Menschen. In der DDR entstand die Struktur des polytechnischen Unterrichts, Hochschulen wurden ausgebaut. Wie im Westen, so gab es auch im Osten Symbole des Fortschritts im Wettbewerb der Systeme: So wurde beispielsweise 1969 der neue, mächtige, weithin sichtbare Fernsehturm in Ost-Berlin eingeweiht.

Aus dem Blickwinkel der SED schien sich das internationale Kräfteverhältnis grundlegend zu Gunsten des Sozialismus zu verschieben. Und der erfolgreiche Mauerbau verlieh der SED zusätzlich neues Selbstbewusstsein. Angesichts dieser Entwicklung und einer erstarkenden Wirtschaft der DDR sah Ulbricht sogar die Möglichkeit, sich vom sowjetischen Modell zu entfernen und auf ein eigenständiges sozialistisches Gesellschaftsmodell deutscher Prägung setzen zu können. Eine starke «nationale» Politik und eine klare sozialistische Alternative zur Bundesrepublik sollte die Mauer legitimieren. Das vom VI. SED-Parteitag, der zwischen dem 15. und 21. Januar 1963 zusammentrat, verabschiedete neue Parteiprogramm verkündete als Ziel den «vollständigen und umfassenden Aufbau des Sozialismus» in der DDR und definierte den Sozialismus als «erste Phase des Kommunismus». Das «Neue ökonomische System der Planung und Leitung» (NÖSPL) bedeutete eine vorsichtige Zurücknahme des überzentralisierten Planungs- und Entscheidungsapparates; Zentralisierungen wurden abgebaut und stattdessen die betriebliche Ebene stärker berücksichtigt. Dieser Reformansatz wurde 1968 in Form des «Ökonomischen Systems des Sozialismus» (ÖSS) fortgeführt, weitere Wirtschaftsbereiche, darunter die Landwirtschaft bekamen größere Eigenverantwortlichkeiten übertragen, andererseits unterstellte die SED gewinnträchtige Industriebranchen wieder einer zentralen Planung, und diese Forcierung der Kombinatsbildung führte in den Folgejahren zu gravierenden Fehlentwicklungen, übrigens auch in der Umwelt.[9]

Insgesamt profitierten die Bürgerinnen und Bürger der DDR von der Reformpolitik der 60er Jahre, die neue Wirtschaftspolitik zeitigte Erfolge und die DDR stieg hinter der Sowjetunion zur zweitstärksten Wirtschaftsmacht im Rat für gegenseitige Wirtschaftshilfe (RGW) auf. Ziel der SED war es, so viele Frauen wie möglich in den Arbeitsprozess einzugliedern – dies geschah gleichermaßen aus Arbeitskräftemangel und Emanzipationsideologie; so lag die Frauenerwerbsquote bereits Mitte der 1950er Jahre bei 50 Prozent. Die für Frauen so typische Mehrbelastung durch Beruf, Haushalt und Familie versuchte die SED durch die Verordnung über Horte und Kindergärten zu reduzieren. Der Lebensstandard der DDR-Bürger stieg beachtlich, das Nationaleinkommen nahm jährlich um mehrere Prozentpunkte zu, ebenso die Arbeitsproduktivität und das Bruttoeinkommen. Die Versorgung mit Nahrungs- und Genussmitteln verbesserte sich und selbst mit langlebigen Konsumgütern war man immer besser ausgestattet. Während 1960 nur sechs von hundert Haushalten über Waschmaschinen und Kühlschränke verfügten, waren es 1969 bereits die Hälfte; und fast 70 Prozent der Haushalte besaßen einen Fernseher, selbst die private Massenmotorisierung hob mit den beiden Pkw-Typen Trabant und Wartburg an. Allerdings tauchte zu dieser Zeit schon das Problem auf, welches die DDR bis zu ihrem Ende begleiten sollte: Der Kaufkraftüberhang wuchs dramatisch an, die Spareinlagen verdreifachten sich, es gab einfach nicht genug qualitativ hoch stehende Konsumgüter zu kaufen, und die, die es gab, wurden vielfach ins Ausland exportiert, um Devisen zu beschaffen. Die zentralistische Organisation des Konsums führte zu Engpässen, Blockaden und zu einem eigentümlichen Beschaffungswesen: Sozialismus ohne Beziehungen – das war tatsächlich wie Kapitalismus ohne Geld.[10]

Im August 1967 führte die SED die 5-Tage-Woche mit einer wöchentlichen Arbeitszeit von 43,75 Stunden ein. Überall in der DDR sprossen Campingplätze aus dem Boden, Zeichen zunehmender Freizeit. Mit dem Mauerbau waren

Reisen ins nichtsozialistische Ausland tabu, aber zu beliebten Zielen entwickelten sich die Schwarzmeerküste oder die Hohe Tatra; bereits 1967 war bei Auslandsreisen die Millionengrenze erreicht.

Selbst eine kulturpolitische Liberalisierung ließ die SED Anfang der 1960er Jahre zu. Sie war allerdings nur von kurzer Dauer, und kann nicht als ein Wind des Wandels bezeichnet werden, allenfalls erwies sie sich als ein laues Lüftchen. Eine Zeitlang jedenfalls erweiterten sich die Möglichkeiten – notgedrungenermaßen muss man sagen. Denn trotz der Mauer stieß die ideologische und mediale Abschottung gegenüber dem Westen an ihre Grenzen. Aktionen wie jene der FDJ mit dem Namen Unternehmen «Ochsenkopf», in denen Antennen auf den Häuserdächern von Westempfang auf Ostempfang gedreht wurden, erwiesen sich als wirkungslos und riefen Proteste in der Bevölkerung hervor. Auch Störsender, kanalgebundene Antennen oder frisierte Kanalwähler führten zu nichts. Es blieb bei moralischen Appellen gegen das Westfernsehen und Westradiohören. Einziger Ausweg: Die Medien der DDR, die Kultur der DDR mussten attraktiver werden. So kam es zu größeren Spielräumen für die «Kulturschaffenden». Die Künstler, die im «Sozialismus angekommen» waren und die DDR von innen heraus konstruktiv kritisierten, wurden mit Ehrungen geradezu überhäuft, allen voran Christa Wolf.

Unter dem Motto: «Der Jugend Vertrauen und Verantwortung» warb die (Alt-)Herrenriege der SED-Führung für Toleranz und Achtung jugendlicher Individualität und Intimität. Bei der Plattenfirma AMIGA erschien in Lizenz sogar die Langspielplatte «The Beatles» – die vom Siegeszug des Beat verunsicherte Führung versuchte, die neue Jugendmusik für sich zu instrumentalisieren. Aber der ausgelobte Laienkunstwettbewerb für Gitarrengruppen war ebenso penetrant wie peinlich, jedenfalls galt dies für das, was die SED daraus machen wollte. Ganz anders das Radioprogramm «DT 64», das auf große Resonanz stieß, der SED aber kurze Zeit darauf unheimlich erschien und eingeschränkt wurde. In den Städten tauchten «Gammler» auf – Jugendliche mit langen Haaren und Schlaghosen, was offiziell «nicht erwünscht» war.

Mit dem 11. ZK-Plenum der SED Mitte Dezember 1965 ging all dies schon wieder zu Ende. Damals gerieten viele Intellektuelle ins Visier der SED, so auch Wolf Biermann, der ein Jahrzehnt später aus der DDR ausgewiesen werden sollte. «Kahlschlagplenum» hat man die Beschlüsse der SED genannt, umstritten jedoch sind die Gründe für diesen «Kahlschlag».[11] Wollte die SED von den plötzlich auftretenden wirtschaftlichen Misserfolgen ablenken? Oder gab es, wofür vieles spricht, einen offenen Machtkampf im Politbüro, ging es bereits um den Zweikampf zwischen dem alten Walter Ulbricht und dem jungen Erich Honecker, den Letzterer damals bereits für sich entschied, obwohl er noch einige Jahre warten musste, bis das Szepter an ihn überging? Jedenfalls: Was die SED nun plante, nämlich eine repräsentative sozialistische «Nationalkultur», verschreckte nicht allein die junge Generation, sondern stieß auch in den sozialistischen Nachbarländern auf Ablehnung: Nirgendwo sonst war die Kulturpolitik so eng, so dogmatisch, so konservativ. «Langhaarige» erklärte die SED-Presse zu «unsozialistischen Elementen», die Beat-Musik erschien ihr als verwerflich, auch in Filmen und Fernsehsendungen, in Theater und Literatur sollten die «schädlichen Tendenzen» ausgemerzt werden. «Unser Staat ist ein sauberer Staat», so erklärte Erich Honecker, der dabei den Hauptstoß führte.[12]

Den Hauptangriff richtete er gegen die Deutsche Film-Aktiengesellschaft (DEFA), deren gesamte Jahresproduktion mit einem «Kahlschlag» verboten worden war, weil den Filmen vorgeworfen wurde, sie verbreiteten «dem Sozialismus fremde, schädliche Tendenzen und Auffassungen». Auch die Beat-Musik, die im Sender DT 64 lief, verurteilte Honecker und schwärzte den Sender an. Für die SED waren Refrains wie «Yeah, yeah, yeah» – welche Jugendliche zu Entzückungen hinriss – nichts weiter als untrügliche Symptome für westliche Dekadenz, Verfall und Fäulnis, und vor diesem Gift des Klassenfeindes glaubte die SED die einheimische Jugend schützen zu müssen. Dem entgegengehalten wurden wieder die Prinzipien sozialistischer Kulturpolitik: Parteilichkeit, Volksverbundenheit und sozialistischer Ideengehalt. Sauberes Tanzen, gute Frisuren und anständige Kleidung – der Sozialismus trage die höhere Moral.

Allerdings wollte sich die SED auf die Moral allein nicht verlassen. Der Etat des Ministeriums für Staatssicherheit war 1968 auf eine Milliarde Mark gestiegen, die Zahl der hauptamtlichen Mitarbeiter auf über 80 000 und die der «Inoffiziellen Mitarbeiter» auf 100 000. Damit waren die Voraussetzungen für die Massenüberwachung der nächsten Jahre geschaffen. Der SED schien ihre Macht nun so gefestigt, dass sie die noch stark an die bürgerliche Weimarer Reichsverfassung angelehnte erste Verfassung von 1949 durch eine neue, sozialistische Verfassung ersetzte. Diese charakterisierte die DDR als «sozialistischen Staat deutscher Nation», die SED erhielt qua Verfassungsrecht den Führungsanspruch und verschiedene demokratische Grundrechte – so das Auswanderungsrecht, das Streikrecht oder das Verbot der Pressezensur – fehlten nun. Im selben Jahr ereignete sich der «Prager Frühling». Die Hoffnungen auf einen Sozialismus mit menschlichem Antlitz wurden von der SED von Beginn an als «konterrevolutionär» gebrandmarkt, sie begrüßte lautstark die Niederschlagung durch Truppen des Warschauer Pakts und beteiligte sich selbst daran. Der eifrige Walter Ulbricht wollte sogar, dass NVA-Soldaten nach Prag einmarschieren. Der sowjetische Generalsekretär Leonid Breschnew verweigerte dies dem Deutschen jedoch und hielt ihm eine Geschichtsstunde über den Zweiten Weltkrieg, als deutsche Soldaten schon einmal in Prag gewesen waren. Die moralische Wirkung dieser Invasion erwies sich für die DDR als verheerend. Denn sie hatte der (begrenzten) Systemloyalität vor allem seitens junger Menschen – die für eine Freiheit im Sozialismus kämpften – einen empfindlichen Schlag versetzt und legte den Keim zur Opposition in der DDR wie im gesamten Ostblock.

Die Mauer, so hat es der Historiker Falco Werkentin einmal drastisch ausgedrückt, erlaubte der SED, den Sozialismus unter Käfigbedingungen zu errichten.[13] Man wird schwerlich behaupten können, dass dies von Vorteil war. Als «Beruhigungsfaktor» brachte die Mauer die DDR in den 1960er Jahren zuerst voran, führte allerdings bald zur Erstarrung des gesellschaftlichen und politischen Systems. «Aufbruch in die Stagnation», so das Label, das ein weiterer Historiker, Stefan Wolle, den 1960er Jahren verlieh.[14] Und in der Tat, auf diesen paradoxen Begriff könnte man es bringen, denn der Mauerbau bedeutete nicht nur den «zweiten Gründungstag der DDR», der ihr das weitere Überleben sicherte, er erwies sich vielmehr auch als Ausgangspunkt einer dauerhaften Lähmung. Den Menschen wurde die Möglichkeit verbaut, den Staat zu verlassen. Dies führte zwangsläufig dazu, dass sie sich arrangierten, und das hieß: Mitmachen so weit wie nötig, Rückzug ins Private so weit wie möglich. Dies galt vor allem für die im Schatten der Mauer nachwachsende Generation, die – anders als die Älteren – jenen traumatischen Prozess der Abtrennung und Abriegelung nicht mehr aus eigenem Erleben kannten. Anders als in pluralistischen Gesellschaften, wo es immer Streit um Interessen gibt, war die DDR-Gesellschaft weitgehend still gelegt, ruhig gestellt.[15] Die Folge war ein politisches Phlegma, was wiederum den Reformdruck auf das System verringerte. Die DDR glich einem geschlossenen System und weil der Druck fehlte, fehlte es auch an einem Frühwarnsystem. So ging der SED der Kontakt zur Realität verloren.

Es empfiehlt sich allerdings, die Sache noch von der anderen Seite her zu betrachten. Nicht nur die eingemauerte Gesellschaft musste sich dem SED-Staat anpassen; auch die Staatspartei musste lernen, mit «ihrem» Volk zu leben. Missliebige Personen, Unruhestifter, Dissidenten waren ja ebenfalls eingemauert und konnten, anders als vor 1961, die Festung DDR nicht einfach verlassen. Dies vermochte das innenpolitische Konfliktpotential durchaus zu erhöhen, und so blieb kaum etwas anderes übrig als eine ambivalente Politik des Burgfriedens: scharfe Repression einerseits, partielle Duldung von abweichendem Verhalten andererseits. Anders gesagt: totalitärer Anspruch auf Durchherrschung der Gesellschaft auf der einen Seite bei gleichzeitigem Hinnehmen der vollkommen konträren Verhaltensweise – dass sich nämlich die Menschen ihre privaten Räume und «Nischen» suchten, um genau diesem totalitären Anspruch zu entfliehen. Es war wie eine «Republikflucht» innerhalb der Republik.

5. Menschenjagd:
Geglückte und missglückte Fluchten

Nie zuvor konnte die Weltöffentlichkeit die Brutalität der DDR-Diktatur so hautnah wahrnehmen wie am 17. August 1962, als vor laufenden Fernsehkameras der 18-jährige Peter Fechter im Todesstreifen angeschossen wurde und in einem grausamen 45-minütigen Todeskampf qualvoll direkt hinter der Mauer an der Kreuzberger Zimmerstraße verblutete. In einer Geste der Hilflosigkeit warfen West-Berliner Polizisten Verbandspäckchen über die Mauer. Die amerikanische Schutzmacht schaute zu, blieb aber untätig, weil es nicht ihr «Job» sei, hier einzugreifen, wie ein Oberst zu Protokoll gab, was ihm und den USA viele Sympathien kostete. Unter dem Schutz von Nebelgranaten barg die DDR-Grenzpolizei später den leblosen Körper Peter Fechters,[1] die beiden Todesschützen wurden kurz darauf ausgezeichnet und erhielten jeweils Prämien. Die grenzenlose Unmenschlichkeit der Mauer war ein Affront gegen das zivilisierte Leben, in den Worten eines zeitgenössischen britischen Journalisten: «Sie schändet die Kultur Europas».[2] Am 38. Jahrestag des Mauerbaus weihte der Berliner Senat ein Denkmal für Peter Fechter ein. Wo zuvor ein schlichtes Holzkreuz stand, erinnert seither eine Stahlsäule mit der Inschrift «Er wollte nur die Freiheit» an das weltweit bekannteste Maueropfer.

Obwohl mit dem Bau der Mauer das letzte Schlupfloch geschlossen worden war, sind von August 1961 bis Ende 1988

8 Die «Berliner Morgenpost» macht am 18. August 1962 mit der Ermordung Peter Fechters auf. Das Titelbild zeigt, wie der leblose Körper von DDR-Grenzsoldaten weggetragen wird.

insgesamt rund 235 000 Menschen durch «Republikflucht» in die Bundesrepublik Deutschland gelangt, davon 40 000 Personen als «Sperrbrecher» über die schwer bewachte DDR-Grenze.[3] Davon wiederum überwanden mehr als 5000 die Berliner Mauer, die allermeisten jedoch nur bis 1964, als das Absperr- und Kontrollsystem noch Lücken aufwies. Im Zeitraum von 1980 bis 1988 wurden nur noch insgesamt 2700 Personen als «Sperrbrecher» registriert. Die Motive für die lebensgefährliche Flucht waren vielfältig und sie wandelten sich im Lauf der Zeit. Vor dem Mauerbau hatten 56 Prozent der Betroffenen politische und 10 Prozent wirtschaftliche Gründe für die Flucht angegeben; in den 1980er Jahren ergab sich folgende Motivationsstruktur – wobei Mehrfachnennungen möglich waren: fehlende Meinungsfreiheit 71 Prozent, politischer Druck 66 Prozent, beschränkte Reisefreiheit 56 Prozent, schlechte Versorgung 46 Prozent, fehlende Zukunftsaussichten 45 Prozent und verwandtschaftliche Beziehungen 36 Prozent. Quantitativ war der Versuch des ungesetzlichen Grenzübertritts dasjenige Delikt, das die politische Strafjustiz der DDR beherrschte: Wurden wegen «Grenzdurchbrüchen» zwischen 1958 und 1960 insgesamt 21 300 Straf- bzw. Ermittlungsverfahren eingeleitet, so steigerte sich die Strafverfolgung in den Jahren 1961 bis 1965 auf 45 400 Strafverfahren. Von 1979 bis 1988 erfolgten auf der Grundlage des Straftatbestandes des Artikels 213 des Strafgesetzbuches der DDR rund 18 000 Verurteilungen zu Freiheitsstrafen.

Nach dem Bau der Berliner Mauer verwandelte sich die Grenzpolizei in das «Kommando Grenze», das wiederum eine Einheit in der Nationalen Volksarmee bildete; 1974 schließlich wurden die Grenztruppen eigenständig. Außerdem versuchte das Regime, das Grenzvorfeld in den Griff zu bekommen, weshalb im Oktober 1961 zahlreiche Menschen aus 26 Grenzkreisen ohne Vorwarnung sofort ihre Häuser verlassen mussten. Bei der Wahl der Code-Namen machte sich die SED wiederum einen zynischen Spaß daraus, so hieß derjenige für Karl-Marx-Stadt beispielsweise «Frische Luft». Normale

Wehrpflichtige mussten in den Grenztruppen ihren Dienst ableisten, sie wurden jedoch besonders ausgesucht. In rollenden Schichten standen die Soldaten jeweils acht Stunden an der Grenze. Dabei gab es festgelegte Postenpunkte, die mit jeweils zwei Soldaten besetzt wurden: einem Postenführer und einem Posten. Erst unmittelbar vor Dienstbeginn erfuhren die Soldaten, wer mit wem auf Posten zu gehen hatte – eine Sicherheitsmaßnahme, um Absprachen zu verhindern. Seit 1968 wurden ferner hauptamtliche Stasi-Leute – getarnt als Zeitsoldaten – in die regulären Grenztruppen eingeschleust; sie sollten Fahnenflucht verhindern und mit extremer Härte gegen Flüchtlinge vorgehen, «Verräter» sollten «liquidiert» werden. Bewaffnet waren die Soldaten mit Kalaschnikow-Sturmgewehren, und untereinander standen sie durch ein Grenzmeldenetz in Verbindung. Vor jedem Grenzdienst gab es eine «Vergatterung»: Der Kompanieführer erläuterte vor der angetretenen Einheit die aktuelle Lage. Eine besondere Rolle spielten die «Grenzaufklärer». Dabei handelte es sich um äußerst zuverlässige Berufssoldaten, die sich im jeweiligen Grenzabschnitt frei bewegten, der Kontrolle der Posten dienten und immer dann zum Einsatz kamen, wenn Flüchtlinge aufgespürt werden sollen. Wie extrem die Belastungen für Grenzsoldaten sein konnten, hat der im Jahr 2007 verstorbene Schauspieler Ulrich Mühe berichtet: Er war als 19-jähriger Grenzsoldat mit Magenblutungen im Dienst zusammengebrochen.

Die unmenschliche Perfektion des Grenzregimes und das erbarmungslose Vorgehen erschließen sich aus den Dienstvorschriften über den Schusswaffengebrauch sowie den Schilderungen von DDR-Grenzsoldaten, die selbst in den Westen geflüchtet sind. Diese Aussagen sind von Hans-Jürgen Grasemann zusammengestellt worden. Ziel war, so schärften es die «Vergatterer» den Grenzsoldaten ein, eine Flucht um jeden Preis zu verhindern. Anruf, Parole und Warnschuss auf den Flüchtling konnten sogar entfallen, wenn der Flüchtende bereits kurz vor dem westlichen Territorium stand. Es war unerheblich, ob er nur verletzt oder getötet wurde. «Ein festgenommener Grenzverletzer ist gut. Ein angeschossener Grenzverletzer ist auch gut, ein vernichteter ist besser als ein Grenzdurchbruch» – so lautete die erbarmungslose Devise, wie ein geflüchteter Grenzsoldat zu Protokoll gab. «Es wurde darauf hingewiesen», so berichtete ein anderer, «dass nicht oft genug geschossen werden kann, sobald ein Grenzverletzer auf Anruf und Warnschuss nicht sogleich reagiert ...» Da es sich im Sprachgebrauch der SED bei den Grenzverletzern um «moralisch verkommene Subjekte» handelte, musste man keinerlei Rücksicht nehmen. «Es lag im Ermessen des Schützen», so ein übergelaufener Grenzsoldat im Jahr 1966, «je nach Art und Lage des Falles Einzel- oder Dauerfeuer zu geben (...) für den Fall, dass er den Grenzverletzer nicht getroffen habe, sei es für den Schützen entlastender, wenn er sein Magazin leer geschossen habe. Im Übrigen stand dem Schützen auch dann eine Schussprämie (wie gesagt: eine Kopfprämie) zu, wenn er den Grenzverletzer auf West-Berliner Gebiet getroffen hatte.» Offiziell hieß es zwar immer, dass auf flüchtende Kinder nicht geschossen werden dürfe; gleichzeitig hätten die Vorgesetzten jedoch zu bedenken gegeben, dass nachts Kinder ohnehin nicht von Erwachsenen zu unterscheiden seien. Und bei der Schießausbildung wurde darauf hingewiesen, dass die Flüchtenden sich oftmals duckten und in der Hocke befänden. Man solle deshalb das Gewehr auf Bauchhöhe halten, damit die Schüsse in Brusthöhe trafen. «Seitens der Vorgesetzten wurde allgemein die Ansicht vertreten, wir sollten Flüchtlinge nach Anruf oder Warnschuss ‹umlegen›», so ein Soldat 1963, «einige Vorgesetzte waren der Meinung, wir sollten ohne Warnung schießen. Über den Schießbefehl herrscht geteilte Meinung. Die meisten lehnen ihn innerlich ab, können sich jedoch nicht offen dagegen auflehnen. Nur einige Fanatiker unter den Soldaten sind der Meinung, dass man rücksichtslos auf Flüchtlinge schießen solle.» Man kann all diese bedrückenden Aussagen zusammenfassen: Bei der Schulung von Grenz-

9 Gescheiterter Fluchtversuch an der Berliner Sandkrugbrücke, Mai 1963. Der zusammengeschossene Bus blieb in der Sperrmauer stecken. DDR-Grenzer hatten schon hundert Meter vor der Mauer das Feuer eröffnet.

soldaten galt die Faustregel «Besser der Flüchtling ist tot, als dass die Flucht gelingt», und den Schützen erwartete nach der Erschießung eines Menschen eine Belohnung, eine Auszeichnung, nicht jedoch ein gerichtliches Verfahren.

Bis heute existieren keine gesicherten Angaben über die genaue Anzahl der Todesopfer an der Berliner Mauer. Die vielen individuellen Schicksale werden erst jüngst erforscht, und es ist ein wichtiges Vorhaben, diese Opfer der deutschen Teilungsgeschichte aus der Anonymität herauszuholen. Der Öffentlichkeit sind die Namen der meisten Opfer unbekannt. Ebenso unbekannt wie ihre Biografien sind die Motive, die sie zur Flucht veranlassten, und die Umstände, unter denen sie ums Leben kamen, schließlich die Art und Weise, wie mit ihnen und ihren Angehörigen nach ihrem Tode umgegangen wurde.[4]

Der Tod an der deutsch-deutschen Grenze, der heute in

gewissem Umfang durch Prozessakten der «Mauerschützenprozesse» zwischen 1990 und 2005 erschlossen werden kann, glich oftmals regelrecht einer Hinrichtung. Nur drei Fälle sollen stellvertretend für die unzähligen anderen herausgegriffen werden:[5] Am 18. Oktober 1965 gegen 2.45 Uhr versuchten Walter Kittel und Eberhard Krause, beide Anfang zwanzig, über die Mauer nach West-Berlin zu fliehen. Grenzsoldaten entdeckten sie und eröffneten das Feuer, die beiden Flüchtlinge suchten Deckung in einem Kraftfahrzeugsperrgraben. In den Prozessakten heißt es dann: «Der Gruppenführer übernahm das Kommando und befahl den Flüchtlingen, deren Gestalten er im Graben erkennen konnte: ‹Rauskommen!› Seine Entfernung zu Kittel und Krause betrug höchstens 20 bis 25 m. Der bereits angeschossene Krause rief: ‹Ich kann nicht, ich bin verletzt!› Kittel hingegen erhob sich aus dem Graben, um den Grenzposten entgegenzugehen. In diesem Augenblick gab der Gruppenführer aus seiner Maschinenpistole, die er auf Dauerfeuer gestellt hatte, 3 Feuerstöße (mindestens 15 Schüsse) auf Kittel ab. Er schoss so lange, bis Kittel umfiel und bis er glaubte, sein Magazin sei leer. Kittel wurde von mehreren Schüssen tödlich getroffen. Entweder vor oder nach den tödlichen Schüssen schrie der Grenzer sinngemäß: ‹Ich habe mir geschworen, hier kommt keiner mehr lebend raus›.»

Der zweite Fall ereignete sich an der innerdeutschen Grenze im Bereich des Kreises Meiningen am 6. August 1969. Dort wurden an den Grenzanlagen Ausbesserungsarbeiten vorgenommen, die ein 19-jähriger Pionier zur Flucht nutzte und bundesdeutsches Gebiet erreichte: «Dieser warf sich ca. 10 m nach Überschreiten der Grenze in das 10–25 cm hohe Gras. Er versuchte robbend voranzukommen, und forderte ein in der Nähe befindliches Ehepaar auf, zu ihm zu kommen, weil ‹die› dann nicht mehr schießen dürften. Der Angeklagte bemerkte, 100 m entfernt stehend, den Fluchtversuch. Er lief bis zum Trassierband und rief dem Flüchtenden zu, er solle zurückkommen. Außerdem gab er aus seiner Pistole

2 Warnschüsse ab. Die Wachtposten hatten bereits das Feuer eingestellt. P. hatte bei Abgabe der Schüsse in seiner Fortbewegung innegehalten, machte aber keine Anstalten zur Rückkehr. Der Angeklagte wollte um jeden Preis die Flucht verhindern; er wusste, dass ihm bei Gelingen der Flucht von Vorgesetzten Repressalien drohten und eine weitere Karriere bei der Armee nicht möglich sein werde. Er zielte deshalb mit seiner Pistole auf die ihm zugewandten Füße des 22–24 m bäuchlings in Längsrichtung etwas schräg vor ihm liegenden P. und nahm bei dem Schuss die von ihm erkannte Möglichkeit, den Soldaten tödlich zu treffen (der Angeklagte war schnell gelaufen und konnte nicht ruhig zielen) in Kauf. Er traf P. in die Schläfe. Anschließend holten der Angeklagte und ein weiterer Soldat den Getroffenen auf DDR-Gebiet zurück. P. starb am gleichen Tag an der Schussverletzung. Der Angeklagte wurde wegen des Vorfalles in der Armee ausgezeichnet. 2 Jahre später wurde er zum Major befördert.» Der dritte Fall ereignete sich an der Spree in Berlin nahe der Schillingsbrücke am 14. Mai 1972. Angeklagt war zweiundzwanzig Jahre später, 1994, der zur Tatzeit erst 19-jährige Postenführer einer Bootskompanie des Grenzregiments 35. Ein 29-jähriger Mann war unbemerkt in die Spree gelangt, die er in Richtung Kreuzberger Ufer durchschwimmen wollte. Auf Zuruf der Soldaten, die ihn entdeckten, reagierte er nicht, woraufhin diese aus ungefähr 40 Meter Entfernung gleichzeitig schossen. Ihre Maschinenpistolen Typ ‹MPi Kalaschnikow› waren dabei auf Dauerfeuer eingestellt, beide Soldaten schossen aus der Hüfte. Nach den Feuerstößen war der Schwimmer nicht mehr zu sehen. Ein Schuss hatte ihn in den Kopf getroffen. Von welchem der beiden Soldaten der tödliche Schuss kam, konnte nicht geklärt werden. Beide wurden noch in derselben Nacht von ihrem Posten abgelöst und am nächsten Tag mit einer Prämie von 150 Mark ausgezeichnet. Soviel ließ sich die SED einen toten Menschen kosten. – Die Todesschützen sind in den «Mauerschützenprozessen», die im 12. Kapitel dieses Buches behandelt werden, wegen Tot-

schlags zu Freiheitsstrafen zwischen einem (nach Jugendstrafrecht) und sechs Jahren verurteilt worden.

Das eingemauerte Berlin lieferte dramatische Stoffe, aus denen Bestseller der Weltliteratur und Hollywood-Filme gemacht sind. Einen Zirkus von Spionage und Gegenspionage entfaltete der Brite John Le Carré in seinem bekanntesten, schließlich auch verfilmten Buch «Der Spion, der aus der Kälte kam»; sein Landsmann Lean Deighton war mit «Brahms Vier» kaum minder erfolgreich. Welcher Zeitgenosse kannte im Kalten Krieg nicht die Glienicker Brücke zwischen Berlin und Potsdam, auf der zumeist im nebligen Morgengrauen schwere Limousinen vorfuhren, um Agenten-Austauschaktionen vorzunehmen? Der bekannteste deutsche Mauerroman ist Peter Schneiders «Der Mauerspringer». In Billy Wilders und Alfred Hitchcocks Filmen gibt es zahlreiche Bezüge zur Mauer, ganz zu schweigen von deutschen Filmen wie «Ostkreuz» von Michael Klier oder «Das Versprechen» von Margarethe von Trotha und nicht zu vergessen Wim Wenders' «Der Himmel über Berlin» sowie die Fortsetzung «In weiter Ferne so nah». Was den Stoff der ungeheuerlichen Geschehnisse an der Mauer betraf, so kann sie nur mit dem von Troja verglichen werden; was das populäre Interesse an ihr angeht, mit der Chinesischen Mauer. Hier waren Schicksale greifbar, Fluchtversuche, die im Kugelhagel der Grenzpolizisten scheiterten, aber auch abenteuerliche, ja tollkühne erfolgreiche Unternehmen mit umgebauten Autos, Motordrachen oder Mini-U-Booten.[6]

In der erfolgreichsten Fluchtaktion durch einen selbst gegrabenen Tunnel gelang im Oktober 1964 insgesamt 57 Personen die Flucht nach West-Berlin, in einer der spektakulärsten – die kurz darauf auch verfilmt wurde – konnten zwei Familien 1979 mit einem Heißluftballon die Freiheit erlangen. Die Tunnelbauten übertrafen alle anderen Fluchtwege an Aufwand und Mühen. Bis heute sind etwa 40 Tunnelgrabungen bekannt. Die Beschaffenheit des Bodens führte dazu, dass man nur schwer vorankam und dass zum Risiko, ent-

10 Festnahme eines «Grenzverletzers», der versucht hatte, durch die Kanalisation zu fliehen, Ost-Berlin 1962.

deckt zu werden, noch die Gefahr hinzukam, bei einem Einsturz lebendig begraben zu werden. Der logistische Aufwand war erheblich. Allein schon die Frage, wo man den Aushub verstauen konnte, bereitete Kopfzerbrechen; außerdem waren die Klopfgeräusche an der Erdoberfläche zu hören. Und wie konnte man einen geeigneten Ausstieg berechnen? Die meisten Tunnelprojekte wurden wieder abgebrochen, verraten oder entdeckt. Einige gelangen auf dramatische Art und Weise; anderen wiederum haftete ein bitterer Nachgeschmack der Geldschneiderei an: Im September 1962 gelang 29 Ostdeutschen die Flucht durch einen Tunnel. Die Arbeiten waren vom amerikanischen Fernsehsender CBS finanziert worden, der am Tag der erfolgreichen Flucht auf West-Berliner Seite bereits mit einem Kamerateam bereitstand und die Ankunft auf Zelluloid festhielt.

Mutige Menschen leisteten Fluchthilfe, geschäftstüchtige entdeckten darin eine lukrative Geldquelle, auch, indem sie ihre Story an die Medien verkauften. Um die 20 000 D-Mark kostete die Flucht, für Familien gab es «Mengenrabatt». Über 60 000 Menschen wurden wegen «Versuchs der Republikflucht» oder auch nur wegen «Vorbereitung» dazu verurteilt. Die durchschnittliche Strafe betrug vier Jahre Haft. Für organisierte Fluchthilfe verhängte das SED-Regime lebenslängliche Zuchthausstrafen. In den ersten Jahren nach dem Bau der Berliner Mauer galten die Fluchthelfer im Westen als «Helden», die von außen Widerstand gegen die verhasste SED-Diktatur leisteten. Es waren in der Anfangszeit der Fluchthilfe vor allem Studenten, die, von Idealismus getragen, aktive Solidarität mit den Eingeschlossenen zeigten und der DDR schaden wollten. Fluchthelfer begannen, in Autoverstecken Menschen auszuschleusen, mittels gefälschter Papiere oder Verkleidungen die DDR-Grenzkontrolleure auszutricksen oder durch Bestechung Ost-West-Pendler als Helfer zu gewinnen. Was abenteuerlich anmutet, war in Wahrheit höchst gefährlich – Verhaftungen, Verurteilungen und Todesfälle, darunter auch Mordanschläge durch die Stasi, belegen dies.[7] Seitdem sich die Fluchthilfe Mitte der 1960er Jahre kommerzialisierte und von «Fluchthilfe-Geschäftsleuten» beherrscht war, änderte sich die Einstellung im Westen. Sie geriet in die Nähe des Unmoralischen. Außerdem sahen immer mehr Menschen die Fluchthelfer nun als Störenfriede, die die Entspannungspolitik gefährdeten und nicht von humanitären, sondern von kommerziellen Interessen geleitet seien.

Wie häufig, wenn Geld im Spiel ist, wird eine Wertung schwierig. Das gilt für die Fluchthilfe ebenso wie für andere Bereiche. Die DDR ließ sich menschliche Erleichterungen immer in barer Münze bezahlen, man kann sagen: sie erpresste die Bundesrepublik Deutschland. Soll man also die Bundesrepublik dafür tadeln, dass sie das geforderte Geld zahlte? Oder ist Bonn vielmehr zu loben, weil es Geld gab und den Stolz zurückstellte, um den Landsleuten im Osten zu helfen? Der SED-Staat hat Warenlieferungen seitens der Bundesrepublik in Höhe von über dreieinhalb Milliarden D-Mark dafür erhalten, dass zwischen 1963 und 1989 rund 33 000 aus politischen Gründen inhaftierte Männer und Frauen aus DDR-Gefängnissen «freigekauft» wurden. Es gelang der DDR jedoch bald, diese Waren in frei verfügbare Devisen umzutauschen. Seit 1964 war der «Deal» institutionalisiert. Dies bedeutete in der Praxis, dass fortan politische Häftlinge nachts in Bussen über die deutsch-deutsche Grenze gebracht und im Notaufnahmelager Gießen aufgenommen wurden. Häftlingsfreikäufe waren moderner Menschenhandel und für die DDR ein willkommenes «Sondergeschäft». Zwar wurden für die freigekauften Häftlinge feste Preise pro Kopf ausgehandelt, die im Verlauf der Jahre von 40 000 D-Mark auf rund 96 000 D-Mark stiegen; in der Realität wurden allerdings je nach Ausbildungsstand, Haftdauer und Wichtigkeit der Person unterschiedliche Preise erhoben.[8] Wer beim versuchten Grenzübertritt von den DDR-Grenzorganen gestellt wurde, musste – bevor er in den Westen freigekauft wurde – mit Haftbedingungen rechnen, die man nur als Folter bezeichnen kann. Die Gedenkstätte im ehemaligen Gefängnis der Staatssicherheit in Hohenschönhausen am Rande Berlins hat die Szenerie des Schreckens und den sadistischen Einfallsreichtum der Bewacher konserviert. Insofern war der Freikauf ein Beitrag, die Folgen der deutschen Teilung und die Konsequenzen aus der Repression der SED-Diktatur zu lindern. Die SED sah in dem Häftlingsfreikauf auch eine Art Ventilfunktion: Unliebsame Bürger und Oppositionelle konnten auf diese Weise in den Westen abgeschoben und gleichzeitig noch Gewinn gemacht werden.

Neun Monate vor ihrem Fall, in der Nacht vom 5. zum 6. Februar 1989, war das letzte Opfer an der Berliner Mauer zu beklagen. Chris Gueffroy, erst 20-jährig, hatte mit einem Freund beschlossen in den Westen zu flüchten, da Gerüchte im Umlauf waren, dass an der Grenze nicht mehr geschossen würde, dass der Schießbefehl nicht mehr gelte. Ein tödlicher Irrtum. Im Süden Berlins, zwischen Treptow und Neukölln wollten die beiden Freunde das Sperrwerk überwinden. Sie hatten bereits einen Signalzaun passiert, als ein elektronischer Alarm ausgelöst wurde und das grelle Flutlicht anging. Grenzsoldaten stürmten auf die beiden Flüchtenden zu und begannen sofort zu schießen. Gueffroy wurde von mehreren Schüssen getroffen, eine Kugel durchschlug sein Herz. Sein Freund kam mit einem Beinschuss davon, wurde gefangen genommen und zu drei Jahren Gefängnis verurteilt. Zwei Monate später, am 3. April 1989, wurde der Schießbefehl an der Grenze aufgehoben. Angesichts der neuen weltpolitischen Lage fürchtete Honecker um das Renommee der DDR, außerdem benötigte er neue finanzielle Mittel vom Westen, und schließlich träumte er von einer USA-Reise. Die neue Anweisung an die Grenztruppen lautete: «Lieber einen Menschen abhauen lassen, als in der jetzigen politischen Situation die Schusswaffe anzuwenden.»[9]

6. Die Lüge:
«Antifaschistischer Schutzwall»

Als ein systemloyaler junger ostdeutscher Mann als Grenzsoldat eingezogen wurde, ging ihm ein Licht auf, das sein Weltbild verändern sollte, wie er später berichtete: «Da hab' ich zum ersten Mal den ganzen Aufbau der Mauer gesehen. Die haben immer gesagt: antifaschistischer Schutzwall. Aber die ganze Sache war verkehrtrum gebaut. Ich bin zwar kein Baufachmann, aber dass die verkehrtrum gebaut waren, sah ich sofort. Alle sahen das. Die war so gebaut, dass von unserer Seite praktisch keiner rüber konnte. Aber von drüben hätte alles rüberrollen können (...) Da fing's bei mir langsam zu dämmern an (...) jetzt sah ich (...), dass es gegen unsere eigenen Leute ging.»[1] Die Grenzverletzer, das konnte keinem verborgen bleiben, wurden nicht vom Westen kommend erwartet, sondern aus dem eigenen Land, stieg doch der Kfz-Sperrgraben statt feindwärts freundwärts sanft an, zeigte also in Richtung des eigenen Territoriums, und bog sich doch der Stacheldraht in Richtung Osten. Am ersten Tag, so erinnerte sich ein anderer Soldat, habe ihm der Vorgesetzte den Signalzaun gezeigt: «Junge, schau mal, wo die abweisende Seite hinzeigt.»[2] Sie zeigte nach Osten. Der Feind war im eigenen Land, nicht außerhalb.

Der Bau einer Mauer, die eine Stadt in der Mitte durchtrennte und Bewohner, Freunde und Verwandte auseinanderriss, Deutsche von Deutschen abriegelte, kann nur schwerlich als eine populäre Maßnahme bezeichnet werden. Genau vor diesem Problem stand die SED – und sie mühte sich nach Kräften, die Mauer zu legitimieren. Diese war, für alle die denken konnten und wollten, immer die schwerste Hypothek für das SED-Regime und Zeugnis dafür, dass die DDR einen Staat ohne Konsens mit den Bürgern darstellte. Über die Gründe des Mauerbaus wurden die Menschen schamlos belogen, nicht nur in der DDR. Am Tag des Baus erschien in der Moskauer «Prawda» eine Karikatur von Bundeskanzler Konrad Adenauer. Er hält eine mit Dollarzeichen versehene Bombe in der Hand, während ihm von hinten Hitler und der damalige US-Außenminister John Foster Dulles die Worte «Revanche» und «Krieg» zuflüstern.[3] Der Mauerbau – eine «Friedenstat», so lautete die allerwichtigste der Rechtfertigungen. Am 13. August 1961 sei der Frieden in Europa gerettet, ein neues Sarajewo – in Anspielung an den Ausbruch des Ersten Weltkrieges – verhindert worden. Mehr noch: Ebenso wie die Schlacht von Stalingrad 1943 sei durch die Errichtung eines «Schutzwalles» – wodurch ja die Abwehr eines äußeren Feindes, einer Flut, bezeichnet wird – für den bundesdeutschen und US-amerikanischen Imperialismus nicht irgendeine Niederlage gewesen, sondern der entscheidende Wendepunkt, «der Tag, an dem in dem Ringen zwischen Imperialismus und Sozialismus in Deutschland die Vorentscheidung gefallen ist».[4] In den Jahren zuvor, so das «Neue Deutschland» am ersten Jahrestag des Mauerbaus, sei die Hetze gegen die DDR aufs Äußerste verschärft worden. «Man scheute keinen Aufwand und kein Verbrechen, um die Bürger der DDR zu verwirren und bei schwächlichen Gemütern Panik auszulösen. So versuchte man die DDR sturmreif zu machen. Man gedachte, bald zu militärischen Provokationen überzugehen und schließlich den offenen Angriff zu beginnen. Für den Herbst 1961 drohte Krieg.»[5] Eine Maßnahme in letzter Minute also, um den Frieden «nicht nur für unseren Arbeiter-und-Bauern-Staat, sondern auch für die Westberliner, für die Westdeutschen, ja vielleicht für die ganze Welt» zu retten. Diese Sichtweise sollte sich in den Köpfen nicht weniger Ostdeutscher festsetzen und als erstaunlich langlebig erweisen. Bezeichnete die SED die Grenze zunächst als «moderne Staatsgrenze West», so hießen die Grenzanlagen bald «Kordon des Friedens», und auf einer Sonderbriefmarke von 1971 wurde dann offensiv der «10. Jahrestag des antifaschistischen Schutzwalls» gefeiert.

Kurz vor dem ersten Geburtstag der Berliner Mauer waren sich die SED-Funktionäre noch uneins, wie das von ihnen geschaffene Bauwerk eigentlich zu heißen hatte. Eine eigens beim Politbüro der SED eingerichtete Agitationskommission hatte unter Mitarbeit des ZK-Sekretärs Albert Norden – der für die Organisation der Geburtstags-Feierlichkeiten zuständig war – Vorschläge für eine offensive politische Kampagne gegen West-Berlin und die Bundesrepublik zu erarbeiten. In diesem Rahmen sollten auch Vorschläge für die Bezeichnung der Sperre entstehen. So setzte sich zunächst die Bezeichnung «cordon sanitaire» durch – ohne Zweifel aufgrund des staats- und völkerrechtlichen Anklangs, den diese Umschreibung hervorrief. Doch der französische Ausdruck war nicht griffig genug. Am 1. August 1962, weniger als zwei Wochen vor dem ersten Jahrestag des Mauerbaus, dachte die Agitationskommission erneut nach und kam auf einen viel besseren Namen. Im parteiinternen Bericht heißt es: «Die günstigen Auswirkungen des antifaschistischen Schutzwalles – dieser Ausdruck soll für die Grenzsicherungsanlagen gebraucht werden – auf die Entwicklung der Hauptstadt der DDR sind hervorzuheben.»[6] Von da an sollte dieser Begriff bei allen Gelegenheiten des Gedenkens an die «heroische Tat» der Kampfgruppen der Abeiterklasse am 13. August Verwendung finden.

Die SED sah den Antifaschismus als Wesensmerkmal der DDR, und für ihre Anhänger war dieses «neue Deutschland» die einzige gute Alternative zur schrecklichen faschistischen Vergangenheit.[7] Die Forschung hat zwischen einem «verinnerlichten» und einem «verordneten» Antifaschismus unterschieden, doch in der alltäglichen Wirklichkeit der Menschen dürfte beides ineinander übergegangen sein. Nicht wenige hingen diesem Gründungsmythos der DDR an: Deutsche Antifaschisten hatten an der Seite der Sowjetunion Hitler-Deutschland besiegt und den ersten «Arbeiter- und Bauern-Staat» errichtet, dessen Früchte permanent von äußeren Feinden, insbesondere der «revanchistischen» BRD bedroht waren. Dieser gleichsam moralische Alleinvertretungsanspruch der DDR für alle gutwilligen Deutschen entfaltete für viele DDR-Bürger eine Prägekraft, und solche ehrlich gemeinten antifaschistischen Einstellungen, die sich bis zum Ende der DDR hielten, erwiesen sich als System stabilisierende Loyalitätsfalle. Gerade in Hochzeiten des Kalten Krieges beschwor die SED die antifaschistische Schicksalsgemeinschaft. Jede Krise, jede Unruhe wurde mit dem Verdikt einer «faschistischen Provokation» belegt. Man erzeugte Ängste, pflegte eine Kultur der Angst, ja die SED erwies sich als Meisterin im Spielen der Trumpfkarte Angstmacherei. Als historische Abgrenzung vom untergegangenen Hitler-Deutschland und als Trennlinie zum kapitalistisch-imperialistischen Westen stand der Begriff des «antifaschistischen Schutzwalls» somit in der Logik der Ideologie und des Gründungsmythos der DDR.

Die Mauer war indessen nicht nur «Denkmal» des antifaschistischen Gründungsmythos der DDR, sondern eine herausragende friedenserhaltende, antifaschistische Maßnahme für die gesamte sozialistische Schicksalsgemeinschaft – so jedenfalls die Behauptung vieler SED-Politiker. Dies konnte in der Honecker-Ära und nach dem Untergang der DDR dazu führen, dass die Eigenverantwortung weggeschoben wurde: Die Verpflichtungen der DDR im Rahmen ihrer Mitgliedschaft im Warschauer Pakt hätten die Sperrmaßnahmen notwendig gemacht. Auch hierbei handelt es sich um Lug und Trug: Wir wissen anhand der Quellen heute genau, dass die SED Moskau sowie die Verbündeten drängte und drückte – nicht umgekehrt.

«Schutzwall» sollte die Mauer auch nicht zuletzt gegen

westliche «Spione und Kriminelle», sowie gegen «Menschenhändler» sein, womit die SED wirtschaftliche Motive aufnahm und indirekt sogar die Fluchtbewegung ansprach – freilich in ihrer eigenen Version: «Geschützt werden die Kinder vor den Kindesräubern, die Familien vor den erpresserischen Spitzeln der Menschenhandelszentralen; geschützt werden die Betriebe vor den Kopfjägern», so das Zentralorgan der SED vom 14. August 1961. Ruhe und Sicherheit seien wiederhergestellt worden, die Illusion des Westens sei geplatzt, die DDR erst zu ruinieren und dann zu kassieren. Für die Massenflucht der Bürger wurden «Menschenhändler» verantwortlich gemacht, abgefeimteste Räuber, häufig im Dienst des amerikanischen Geheimdienstes CIA, die die armen Ostdeutschen mit süßen Versprechungen köderten, um sie anschließend als billige Arbeitskräfte auszubeuten oder sie als Kanonenfutter in die NATO-Armee zu pressen. Niemand könne ihm nachsagen, so Walter Ulbricht in einer Fernsehansprache fünf Tage nach dem Mauerbau, dass er Stacheldraht besonders gern habe. Aber er sei zweifellos gut als Schutz gegen diejenigen, die die DDR überfallen wollten: die Ultras und Militaristen in der Bundesrepublik – die «Adenauer und Strauß sowie Hitlers Generale und Helfershelfer wie Globke, Lemmer und Brandt». Natürlich seien am Anfang die Wogen etwas hoch gegangen, gestand Ulbricht, um sogleich das große Verständnis und die Zustimmung der Bevölkerung zu den Maßnahmen zu loben. Im Deutschland-Radio Berlin räumte Karl-Eduard von Schnitzler ein, der Mauerbau führe zu «gewissen Unbequemlichkeiten»[8] für die ostdeutsche Bevölkerung. Doch was war dies schon im Vergleich zur Rettung des Weltfriedens, zur Abwehr von «Diversanten» und zum Abhalten von «Spionen»?

Im Verlauf der 1960er Jahre teilten DDR-Grenzorgane an allen Übergängen und Kontrollpunkten Broschüren «Was ich von der Mauer wissen muss» an westliche Besucher aus. West-Berlin, so hieß es dort, sei als «vorgeschobenes Provokationszentrum» missbraucht worden, daher die Schutzmaßnahmen. «Bedenken Sie also, wenn man Sie auffordert, sich pflichtgemäß zu entrüsten: die antinationale, aggressive NATO-Politik hat statt einer deutschen Friedensregelung jene Mauer geschaffen, die beide deutsche Staaten trennt und auch mitten durch Berlin geht.» Manchem wird es beim Weiterlesen die Sprache verschlagen haben. «Man sagt Ihnen, wir hätten das nur gemacht, damit keiner mehr ‹rüber kommt›. Aber ist das der wirkliche Grund? Natürlich hatten wir keine Lust, tatenlos zuzusehen, wie Abwerber mit den schmutzigsten Mitteln und Lügen Ärzte, Ingenieure und Forscher nach Westdeutschland lockten (…) Aber nicht das war die Hauptsache. Etwas weit Wichtigeres haben wir verhindert: dass Westberlin zur Ausfallstellung für einen militärischen Konflikt und damit zum Sarajewo eines dritten, atomaren Weltkrieges wurde.» Mit Aggression indessen habe die Mauer gar nichts zu tun. «Haben Sie jemals Angriffsabsichten damit verbunden, wenn Sie nachts Ihre Wohnungstüre abschließen?» Der Schutzwall stehe ganz friedlich da. «Keiner Fliege tut er etwas zuleide, lässt man ihn in Ruhe.» Am Schluss stand noch als besondere Würze eine offene Drohung: «Und überlegen Sie, ob dieser Aufenthalt unbedingt nötig ist. Lassen Sie sich nicht zu Provokationen missbrauchen. Das kann ins Auge gehen. Denn wie überall in der Welt eignet sich eine Staatsgrenze weder als Wallfahrtsort noch als Turngerät.»[9]

Am fünften Jahrestag des Mauerbaus 1966 fühlte sich die SED stark genug, erstmals eine bewusste Provokation der Ost-Berliner Bevölkerung zu wagen. Mit großem Aufwand wurde ein militärisches Schauspiel aufgeführt, Mauerparaden Unter den Linden abgehalten, Volksfeststimmung verordnet. Die SED-Presse bezeichnete die Mauer als «etwas sehr Menschenfreundliches».[10] Das geistige Klima in der DDR sei durch sie sauberer und optimistischer geworden, wirtschaftlich komme man schneller voran, es bestehe aller Grund zu feiern. Der 13. August – für die DDR ein Freudentag, für den Klassenfeind ein Jammertag. Als schreckliches und unmenschliches Bauwerk galt hingegen den meisten Menschen in der Welt die Berliner Mauer. Sogar führenden Vertretern aus befreundeten Staaten des sozialistischen Blocks stockte der Atem beim Anblick des Monstrums, an das sie bei Staatsempfängen immer geführt wurden. Selbst Nikita Chruschtschow nannte die Mauer einmal eine «hässliche Sache», die eines Tages verschwinden müsse.[11] Ob nicht viele genau so gedacht haben mögen? Die Mauer hässlich, unmenschlich! Eine solche Empfindung wollte die SED gar nicht erst aufkommen lassen und bezeichnete den Schutzwall als eine zutiefst «humanistische Tat». Die Errichtung einer «plastisch sichtbaren (...) Barrikade des Klassenkampfes» sowie die Bewahrung des Friedens seien es, die aus den Sperrmaßnahmen eine Tat «im Dienste der Menschlichkeit» machten, so ein Artikel aus der Zeitschrift für die Grenztruppen «Der Kämpfer» vom August 1981.[12] In der Nacht des 13. August hätten die «Angehörige(n) der NVA und der Kampftruppen einen lebenden Schutzwall» gebildet. In derselben Ausgabe wird in einem Gedicht von Hans Krause, das den Titel «Der 13. August» trägt, die Notwendigkeit eines Schutzwalles unterstrichen. Alle legitimatorischen Aspekte werden dabei genannt: «Parasiten», also die als Wirtschaftsschädlinge bezeichneten Grenzgänger, «Gehlens Gangster», also Spione und ehemalige Nazis, die im Auftrag des bundesdeutschen Geheimdienstes ihr Unwesen trieben; «großer Raubzug», also die kriegerischen Absichten des Westens. Am Ende wird der «antifaschistische Schutzwall» als «Garantie» dafür hingestellt, dass von «deutschem Boden nie wieder Krieg ausgehen soll».

Seit 1966 fanden an der «Friedensgrenze» jährlich Aufführungen von grotesker Faszination statt. Mit militärischem Gepränge, Feldparaden, Kampfappellen, Grenzjugendtreffen und Geländespielen suchten die Machthaber den Mauerbau zu einer feierlichen Haupt- und Staatsaktion zu machen. Sozialistische Bekenntnisdramen wurden in Theatern aufgeführt, so 1971 das Stück «Da schlug's dreizehn» von Helmut Beierl. In den Zeitungen erschienen etwa unter dem Titel «Drei von der Grenze» Porträts von Grenzsoldaten, die «Auge in Auge mit dem Klassenfeind» ihren opferreichen Dienst taten, und um – von Flüchtlingen – erschossene Grenzsoldaten entfaltete sich eine Art Heldenkult.[13] Bis 1989 sind insgesamt acht DDR-Grenzsoldaten durch Fahnenflüchtige, Flüchtlinge, einen Fluchthelfer und einen West-Berliner Polizisten ums Leben gekommen. Das DDR-Fernsehen führte seit dem Bestehen der Mauer Interviews mit Grenzsoldaten, die in fast peinlicher Weise den aufgetragenen und auswendig gelernten Text aufsagten. Frage des Interviewers: «Wären Sie nicht viel lieber zu Hause bei der Familie als hier an der Staatsgrenze?» Antwort: «Natürlich, viel lieber bei meiner Frau, aber solange der Revanchismus noch propagiert wird und die Grenzen von 1937 wieder gefordert werden und Genossen den Provokateuren noch zum Opfer fallen, stehen wir, die Genossen der Grenzbrigade ‹13. August›, die diesen verpflichtenden Namen trägt, hier auf der Wacht. Wir versprechen an diesem Tag, dass wir alles tun werden, um den friedlichen Aufbau zu sichern.»[14]

Im Jahr 1971 übernahm der «Baumeister» der Mauer, Erich Honecker, die Macht in der DDR, just zehn Jahre nach dem Mauerbau. Ein Anlass zum Feiern, wie Honecker fand, und das Fernsehen übertrug nun jährlich live die Militärparaden zum Mauerjubiläum und den Dank des Staatsratsvorsitzenden, der zusammen mit seinen Genossen aus dem In- und Ausland auf einer Tribüne stand, hinter welcher in großen Lettern prangte: «10 Jahre Antifaschistischer Schutzwall. 10 Jahre sicherer Schutz des Friedens und des Sozialismus» (die Jahresangaben änderten sich natürlich von Jahr zu Jahr entsprechend).[15] Das geschlossene Brandenburger Tor symbolisierte die Funktionstüchtigkeit des SED-Grenzregimes. Diese Perspektive verdichtete sich in einem Bildtyp, der auch bei einer DDR-Jubiläumsbriefmarke zum Mauerbau eingesetzt wurde: Uniformierte Kämpfer als Menschenmauer vor dem Brandenburger Tor – Friedenswahrer, Friedenskämpfer. Überhaupt Frieden – dies war der politisch-ideologische Leitbegriff in der DDR, Freiheit konnte es nicht sein. Dabei war die Friedenspropaganda bellizistisch aufgeladen, ständig wurden «Schlachten für den Frieden» geschlagen, oft gab es schneidige Militärparaden, das Militär war immer präsent. Nach innen übersetzt, in die DDR-Gesellschaft hinein, bedeutete «Frieden» Ruhe und Ordnung – und wer sie bedrohte, musste mit der gleichen Härte des Staates rechnen wie derjenige, der versuchte den äußeren Frieden zu bedrohen; die DDR-Bürger verstanden die Warnung durchaus.

Der Mauerbau galt als Markstein in der Geschichte des ersten Arbeiter- und Bauern-Staates und als ein wesentlicher Teil des revolutionären Traditionsgutes der DDR. Er vervollständigte die staatliche Souveränität des zweiten deutschen Staates. Im Geschichtsunterricht an den Schulen, wo das sozialistische Geschichtsbewusstsein geweckt und befördert werden sollte, firmierte der Mauerbau als «Höhepunkt der Klassenauseinandersetzung zwischen Sozialismus und Imperialismus»,[16] aus der die DDR als Siegerin hervorgegangen sei. Das Lernziel eines idealen Unterrichts lautete: Die Mauer sichert den Frieden. «Der Mauerbau im DDR-Unterricht» heißt eine DVD, die die Stiftung Aufarbeitung 2005 herausgegeben hat. Hier findet sich eine Unterrichtsaufzeichnung an der Berliner Humboldt-Universität aus dem Jahr 1977, die verdeutlicht, wie den Schülerinnen und Schülern das Lernziel nahegebracht wurde: Der Westen wollte demnach die DDR um die Früchte ihrer sozialistischen Aufbauarbeit bringen, und die verwerfliche Methode dazu erstreckte sich, wie die Lehrerin gemeinsam mit der Klasse herausfand, auf vier Bereiche: die ideologische Diversion, die Erstellung eines Kriegsplans, die ökonomische Ausplünderung, auch durch Sabotage, und schließlich die Organisation der Republikflucht durch Geheimdienste und kriminelle Vereinigungen. Am 13. August 1961 reagierte der Osten endlich auf diese friedensbedrohenden Provokationen. Die von den Imperialisten zwölf Jahre lang missbrauchte offene Staatsgrenze wurde mit vereinten Kräften geschlossen – ein «schwarzer Sonntag für die Revanchisten», so schloss die Lehrerin.[17]

Unter den Linden, dort, wo die am Mauerbau beteiligte Kampfgruppen-Hundertschaft «Adolf Deter» 1961 untergebracht war, richtete die SED ein «Traditionszimmer» ein, das besonders Schulklassen besuchten.[18] Das schönste Spiel der Jungen Pioniere am 13. August eines jeden Jahres hieß «Mauerbau». Einer Richtlinie der DDR-Kinderorganisation zufolge gingen die Spielregeln so: lautlose Absicherung der Grenzen, von der der Klassenfeind nichts merken darf, dann Sicherung des Grenzabschnitts durch Fähnchen, Krepppapierstreifen und Luftballons.[19]

Der berühmteste und berüchtigtste Journalist der DDR, der oben bereits kurz erwähnte Karl-Eduard von Schnitzler, der mit seiner Sendung «Der schwarze Kanal» nach eigener Auskunft für «Hygiene im Äther» sorgen wollte und deshalb über Militarismus, Revanchismus usw. in der Bundesrepublik berichtete – West-Berliner Zeitungen bezeichneten ihn als «Sudel-Ede» –, steuerte eine eigene Mauerlegitimation bei: Die von ihm produzierte und präsentierte Sendung «Die Grenze. Eine Fernsehfibel für 10- bis 14-jährige». Darin zu sehen waren zuerst Filmsequenzen aus der Bundesrepublik, überall Nazis, Militär und der Mob, das Ganze unterlegt mit lauter atonaler Musik, die den Ohren weh tat; dann unvorteilhafte Fotos bundesdeutscher Politiker, Lübke, Lemmer, Brandt – sie alle würden «uns» hassen, setzt der Kommentar an dieser Stelle ein. «Und wir hassen sie. Ist es schlecht zu hassen?», fragte er. Nun ertönt eine süßliche Musik, man sieht Filmsequenzen von fröhlichen Kindern auf Wiesen und Auen und in Wäldern. Der altväterliche Kommentar dazu: «Wir lieben unsere Eltern, unsere Lehrer, unsere sozialistische Heimat in Frieden. Wir lieben das Leben. Aber kann man Eltern und Geschwister, kann man die Heimat, den Frieden und das Leben lieben, ohne zu hassen?» Eine rhetorische Frage, am Ende der «Mauerfibel». Geschützt wird die sozialistische Idylle durch den «antifaschistischen Schutzwall» – hier werden sie nicht durchkommen, die Kriegstreiber, um unseren schönen Garten zu beschmutzen, so die plumpe Botschaft.[20]

11 DDR-Sonderbriefmarke zum 25. Jahrestag des Mauerbaus 1986.

Zum 25. Jubiläum des Mauerbaus 1986 zeigte das Museum für Deutsche Geschichte in Ost-Berlin die Ausstellung «13.8.1961». Gleich beim Eintritt fiel der Blick der Besucher auf eine blaue Nivea-Creme-Dose – Vorsicht Klassenfeind! – in welcher westliche Agenten geheime Filme über die Grenze geschmuggelt haben sollen. In einer anderen Ecke befanden sich verkohlte Holzbohlen – auch sie verwiesen auf die Notwendigkeit des Mauerbaus, waren sie doch angeblich Reste einer von Westspionen in Brand gesteckten Schule. In einer Vitrine stapelten sich Landser- und Soldatenromane, die im Westen gedruckt worden waren und als Beweis für den imperialistischen Militarismus herhalten mussten. Ausgestellt waren auch die Abwehrmaßnahmen des Ostens, Maschinengewehre und Panzersperren. Dass sie sich auf der östlichen Seite der Mauer befanden und damit nicht einem äußeren Feind galten, blieb natürlich unerwähnt.

Kaum etwas änderte sich bis zum Untergang der DDR, das Lügengebäude zeigte vielleicht ein paar feine Haarrisse, doch brüchig wurde es nicht. Im verbindlichen «Grundriß der deutschen Geschichte», den das Zentralinstitut für Geschichte der Akademie der Wissenschaften der DDR herausgab, stand noch immer die Version, an die man sich hatte gewöhnen müssen: «In einer planmäßigen und für die Imperialisten völlig überraschenden Aktion wurde der Kriegsbrandherd Westberlin unter Kontrolle genommen. Die Staatsgrenze DDR, einschließlich ihrer Grenze zu Westberlin, wurde zuverlässig gesichert (...) Diese Maßnahmen schoben der Wühltätigkeit, die von Westberlin aus gegen die sozialistischen Länder betrieben wurde, einen Riegel vor, sie schützten die sozialistische Staats- und Gemeinschaftsordnung in der DDR und die Westgrenze des sozialistischen Weltsystems und fügten dem Imperialismus in der BRD eine folgenschwere Niederlage zu. Die imperialistische Strategie des Frontalangriffs war völlig bankrott.»[21]

7. Schöner Schein:
Die Mauer in der Ära der Entspannung

Nachdem Nikita Chruschtschow und John F. Kennedy während der Kuba-Krise 1962 die Welt hatten in den Abgrund eines Atomkrieges blicken lassen und alle erschaudert waren, begann eine neue Ära der Entspannung. Dies trifft allerdings nur für Europa zu, nicht hingegen für andere Teile der Welt, wo die Supermächte – vor allem nach der Ermordung Kennedys 1963 und dem Sturz Chruschtschows 1964 – Stellvertreterkriege führten, besonders in Vietnam. Kennedy entwarf am 10. Juni 1963 an der Washingtoner Universität eine «Strategie des Friedens» für die Welt, und Chruschtschow sprach von einem neuen Zeitalter der «friedlichen Koexistenz» – die Supermächte hatten sich mit dem atomaren Patt arrangiert. Zwei Wochen nach seiner Friedensrede machte sich Kennedy auf zu einem Deutschlandbesuch und reiste am 26. Juni 1963 auch nach West-Berlin. Während seiner siebenstündigen Visite in der geteilten Stadt hielt er vor dem Schöneberger Rathaus jene Ansprache, die den legendären Satz «Ich bin ein Berliner» enthielt – eine Hommage an den unbeugsamen Freiheitswillen ihrer Bewohner.[1] Doch der amerikanische Präsident hatte es leichter als die Berliner. Er konnte wieder gehen und musste nicht in dieser Stadt leben. Leben in Berlin, das bedeutete Eingeschlossensein, unerfülltes Fernweh, Staus an den Grenzübergängen, überfüllte Wälder und Bäder, etwa am Wannsee, wo sich im Sommer sonntags Zehntausende wie in einer Heringsdose drängten. Trotz der Rede vom «Schaufenster des Westens» und den Berlin-Hilfen des Bundes fühlten sich die West-Berliner manchmal wie der Hinterhof der Nation. Die Abgeschlossenheit strapazierte die Nerven.

Die Mauer war eine Sensation und eine perverse dazu. Gab es in Europa je eine hässlichere Mischung aus Tragödie und Touristenattraktion als diese mörderische Sperre? Die offizielle Berlin-Werbung kommerzialisierte die Perversion, bald nach dem 13. August 1961 warb West-Berlin mit der Sehenswürdigkeit Mauer. Auch Staatsgäste aus aller Welt begaben sich zur «kommunistischen Schandmauer», dieser Programmpunkt war bei fast jedem Besuch der Bundesrepublik ein Teil des Protokolls. Als Kennedy in Begleitung von Adenauer und Brandt die Stadt besuchte – der Besuch entwickelte sich zu einem wahrhaften Triumphzug –, bestieg er, um nach Osten zu blicken, den Hochstand am Checkpoint Charlie, der seitdem «Kennedy-Podest» genannt wurde. Jeder amerikanische Präsident stand seither darauf. Einen ähnlichen Mauertourismus, jedoch zum «antifaschistischen Schutzwall», gab es in der DDR. Dort trafen kommunistische Staatsgäste ein, auch Sportler und Kosmonauten, vor allem jedoch «Revolutionäre» wie Yasser Arafat, Chef der Palästinensischen Befreiungsbewegung im Jahr 1971, oder Fidel Castro, der kubanische Staatschef, ein halbes Jahr später. Die Mauer grenzte den jeweiligen Einflussbereich mit brachialer Gewalt ab – sie galt hier als Schande der Unterdrückung, dort als Stolz der Friedenswahrung.

Dass sich in der Mauer, so der liberale Spitzenpolitiker Thomas Dehler im Jahr 1962, der «böse, aggressive Wille der Sowjetunion» dokumentiere,[2] entsprach der Sichtweise der meisten Menschen im Westen. Mitte der 1960er Jahre fand die Mehrheit der Bundesdeutschen das Ulbricht-Regime schlimmer als die NS-Diktatur.[3] Mit einer solchen Verdammung war jedoch die Frage nicht beantwortet, was man gegen die Mauer und für die Deutschen im Osten tun konnte.

An der Spree musste die Politik sehr schnell lernen, wovor sie sich am Rhein noch eine Zeitlang drücken konnte: Wenn die Mauer durchlässig gemacht werden sollte, was eine nationale Pflicht für die Deutschen war, dann konnte dies nur mit einer «Politik der kleinen Schritte» gelingen, welche die Realitäten, so grausam sie waren, anerkannte. Schärfer gesagt: Man musste vom hohen Ross der Prinzipienreiterei herabsteigen. Nur durch zähe Verhandlungen mit dem DDR-Regime, nicht aber durch seine rituelle Verwünschung, konnten menschliche Erleichterungen für die ostdeutschen Landsleute erreicht werden. Über den Zwangscharakter der Ulbricht-Diktatur gab es nicht den leisesten Zweifel, aber durften die Deutschen in der DDR auch noch vom Westen dafür bestraft werden, dass sie in einer verhassten Diktatur leben mussten? «Was gut ist für die Menschen im geteilten Land, das ist auch gut für die Nation», bemerkte Willy Brandt. «Wandel durch Annäherung», ein bald ebenso geflügeltes wie umstrittenes Wort, das Egon Bahr 1963 in Tutzing prägte, ging von der fast absurd-verfahrenen deutschen Frage aus und formulierte ein Paradoxon: Der Status quo im geteilten Deutschland könne langfristig nur überwunden werden, indem dieser Status quo zunächst anerkannt wurde.[4]

Diese Politik war mühsam, war ein langes Bohren harter Bretter. Sie entstand nicht zufällig dort, wo die Wunde der Spaltung der Nation offen klaffte und schmerzte – in Berlin. Unter dem Regierenden Bürgermeister Brandt, der 1966 in der Großen Koalition Außenminister und 1969 nach dem Machtwechsel Kanzler der sozial-liberalen Koalition werden sollte, war die geteilte Stadt eine Art Versuchsfeld für die spätere Neue Ostpolitik. Hier gab es die ersten operativen Umsetzungen. Mit den insgesamt vier Passierscheinabkommen zwischen 1963 und 1966 konnte vom Westen aus die Mauer erstmals überwunden werden, ein bescheidener Fortschritt, aber einer, der zu Weihnachten 1963 dazu führte, dass über eine Million Westberliner, Verwandte und Freunde im Ostteil der Stadt besuchen konnten.

Für die SED bedeutete die Neue Ostpolitik der bundesdeutschen Sozialdemokraten und Liberalen eine «Aggression auf Filzlatschen», so der damalige DDR-Außenminister Otto Winzer als Reaktion auf Egon Bahrs Tutzinger Rede.[5] Erich Mielke, der Chef der Stasi, warnte seine Genossen ständig vor der Gefahr einer Unterminierung des Sozialismus in der DDR infolge von Westkontakten. Ulbricht hingegen meinte, aus dem veränderten Klima ergäben sich für die DDR auch neue Möglichkeiten, die DDR müsse einen eigenen, besonderen, einen deutschen Weg zum Sozialismus gehen. Honecker wiederum betonte die unkalkulierbaren Risiken einer Entspannungspolitik für die Existenz der DDR. Kaum anders sah es Leonid Breschnew, der nach dem Sturz Chruschtschows 1964 Generalsekretär der KPdSU geworden war. Natürlich benötigte die Sowjetunion eine Phase der Entspannung im globalen Machtkampf, eine Art Atempause, doch je mehr Entspannung sich abzeichnete, desto fester musste die DDR an Moskau gebunden werden und sich gegen die nationalen Sirenengesänge aus der Bundesrepublik wappnen – anders gesagt: Der Osten wollte mitspielen, durfte sich jedoch nicht umarmen lassen, sondern musste sich zugleich rigoros abgrenzen.

Man war also vorbereitet, als Willy Brandt, der neue Bundeskanzler, am 28. Oktober 1969 seine erste Regierungserklärung hielt und eine deutschlandpolitische Revolution ankündigte: «Zwanzig Jahre nach Gründung der Bundesrepublik Deutschland und der DDR müssen wir ein weiteres Auseinanderfallen der deutschen Nation verhindern, also versuchen, über ein geregeltes Nebeneinander zu einem Miteinander zu kommen (...) Auch wenn zwei Staaten in Deutschland existieren, sind sie füreinander nicht Ausland; ihre Beziehungen zueinander können nur von besonderer Art sein. (...) Unser nationales Interesse erlaubt es nicht, zwischen dem Westen und dem Osten zu stehen. Unser Land braucht die Zusammenarbeit mit dem Westen und die Verständigung mit dem Osten.»[6] Es ging Brandt, dies war das

Credo der Neuen Ostpolitik, um den Zusammenhalt der Nation, darum, die Einheit der Nation zu wahren. Ja, so argumentierte er, es hatten sich in Deutschland zwei Staaten entwickelt, aber es gab nur eine deutsche Nation. Daher war eine völkerrechtliche Anerkennung der DDR durch die Bundesrepublik ausgeschlossen – diese rote Linie würde nicht überschritten werden, das Grundgesetz verbot es. Als Leonid Breschnew mit Erich Honecker Ende Juli 1970 auf der Krim zusammentraf, sagte er ihm: «Du kannst mir glauben, Erich, die Lage, wie sie sich bei Euch so unerwartet entwickelt hat, hat mich tief beunruhigt. Die Dinge sind jetzt nicht mehr Eure eigene Angelegenheit. Die DDR ist für uns etwas, was man nicht erschüttern kann. Jetzt aber taucht eine Gefahr auf. (...) Es gibt und es kann keine (Zusammenarbeit) geben, es darf zu keinem Prozess der Annäherung zwischen der BRD und der DDR kommen.»[7] Erich Honecker wurde in dieser Zeit zum Vertrauten Breschnews, und mit Hilfe des großen Bruders in Moskau betrieb er den Sturz des alten, mehr und mehr unerträglich gewordenen und zu deutschlandpolitischen Eskapaden neigenden Walter Ulbricht Anfang Mai 1971, den er anschließend auf demütigende Weise vollständig demontierte.

Erst nachdem die Bundesrepublik den Moskauer und den Warschauer Vertrag geschlossen hatte – es waren Gewaltverzichts- und Grenzanerkennungsverträge –, konnte zwischen Bonn und Ost-Berlin verhandelt werden. Die Sowjetunion hatte bereits eine Kröte schlucken müssen, den «Brief zur deutschen Einheit»: Das Moskauer Abkommen, so der Briefinhalt, stehe nicht zum Ziel der Bundesrepublik im Widerspruch, «auf einen Zustand des Friedens in Europa hinzuwirken, in dem das deutsche Volk in freier Selbstbestimmung seine Einheit wiedererlangt».[8] Kurz vor Weihnachten 1972 konnte der Grundlagenvertrag zwischen der Bundesrepublik Deutschland und der DDR in Ost-Berlin paraphiert werden – es war dies ein tiefer Einschnitt der deutschen Nachkriegsgeschichte. Keine der beiden Seiten konnte sich durchsetzen, und etwas anderes war auch nicht zu erwarten gewesen. Weder gelang es der DDR, die völkerrechtliche Anerkennung durch die Bundesrepublik zu erreichen, noch glückte es dieser, ein enges Sonderverhältnis auf einer gemeinsamen nationalen Basis festzuschreiben. Die beiden deutschen Staaten erkannten sich zwar an, jedoch nicht im völkerrechtlichen Sinne. Die Uneinigkeit in der Frage der Nation wurde in der Präambel des Vertrages festgehalten, und die Bundesregierung übergab wiederum einen «Brief zur deutschen Einheit». Für die Anerkennung der Zweistaatlichkeit musste die DDR Gegenleistungen erbringen. Diese bestanden in praktischen und humanitären Fragen bis hin zu Erleichterungen bei Familienzusammenführungen – also des konkreten Zusammenhalts der Menschen, der Deutschen, der Nation. Dass die gesamtdeutsche Nation trotz Mauer und Stacheldraht fortbestand, war der SED ein Dorn im Auge. Sie reagierte mit einer rigiden Abgrenzungsdoktrin. Entworfen wurde die «Zwei-Nationen-Theorie», die auch in die neue DDR-Verfassung von 1974 Einzug hielt. In Deutschland hätten sich nicht nur zwei Staaten, sondern zwei Nationen, Klassennationen, herausgebildet: eine sozialistische im Osten und eine kapitalistische im Westen. Während die Bundesregierung von zwei Staaten, aber nur einer deutschen Nation ausging, wollte die SED alle nationalen Brücken abbrechen und tilgte auch im alltäglichen Sprachgebrauch fast alles, was auf Deutschland verwies, so wurde z. B. der «Deutschlandsender» in «Stimme der DDR» umgetauft.[9] In Anbetracht dessen war es das Verdienst des Grundlagenvertrages, die nationale Frage im letzten möglichen Augenblick offiziell festgeschrieben zu haben und zwar in einem Vertrag, aus dem die DDR nicht herauskam und der auch nicht, wie die DDR-Verfassung, einfach geändert werden konnte. Die deutsche Frage blieb offen.

Ob es die ostdeutschen Kommunisten als gelungenen Racheakt empfanden, Bundeskanzler Willy Brandt gestürzt zu haben? Seit 1970 hatte der Geheimagent Günter Guillaume – ein hauptamtlicher Mitarbeiter des Ost-Berliner Ministeriums für Staatssicherheit im Rang eines «Offiziers im besonderen Einsatz» – im Bundeskanzleramt gearbeitet und hatte sich seit 1972 als persönlicher Referent immer in Brandts Nähe aufgehalten. Im April 1974 wurde er festgenommen, und zwölf Tage später reichte der Kanzler, den keine persönliche Schuld an der Affäre traf, der jedoch die politische Verantwortung übernahm, seinen Rücktritt ein.

Eine der wichtigsten und größten Konferenzen des 20. Jahrhunderts fand Mitte 1975 in Finnland statt und war Höhepunkt der Entspannungsära: die «Konferenz für Sicherheit und Zusammenarbeit in Europa» (KSZE). Staatschefs aus 35 europäischen Ländern sowie den USA und Kanadas unterzeichneten die Schlussakte von Helsinki, die aus «drei Körben» bestand: Korb I umfasste politische Grundsätze für die Erhaltung des Friedens, Korb II beinhaltete Kooperationen in Wirtschaft, Wissenschaft, Technik und Umwelt, Korb III widmete sich humanitären Fragen. Die beiden deutschen Staaten nahmen gleichberechtigt an der KSZE teil.[10] In seiner Abschlussrede vom 30. Juli 1975 interpretierte Erich Honecker die Ergebnisse in seinem Sinne: Grenzsicherung sei ein universales Recht eines souveränen Staates. In einem anschließenden Interview vom 6. August wurde der Generalsekretär des ZK der SED deutlicher: Die Anerkennung der «territorialen Integrität (...), die Achtung der Rechte, die der Souveränität innewohnen, die Nichteinmischung in innere Angelegenheiten (und) die Unverletzlichkeit unserer Grenzen» seien das für die DDR positive Ergebnis von Helsinki.[11] Die Mauer, dies wollte er damit ausdrücken, sei völkerrechtlich legitim. Honecker zufolge hatte die internationale Staatengemeinschaft die Grenzanlagen der DDR anerkannt und ihre Nichteinmischung in diese Art des Grenzregimes, das unter anderem den Gebrauch der Schusswaffe gegenüber Flüchtlingen vorsah, garantiert. Auch der ehemalige Chef der Grenztruppen der DDR, Klaus-Dieter Baumgarten, der im Jahre 1996 vom Berliner Landgericht wegen der Tötungen an der Mauer zu sechseinhalb Jahren Haft verurteilt wurde, bezeichnete das Grenzregime als vom internationalen Völkerrecht geschützt und die Praxis am «antifaschistischen Schutzwall» durch die Schlussakte von Helsinki für gerechtfertigt.[12] Dies war absurd, denn der Widerspruch lag auf Seiten des Ostens. Die Mauer war geradezu Symbol für die permanente Staatskrise der DDR. Denn das SED-Regime erkannte mit der Unterzeichnung der Verträge auch die Freiheits- und Menschenrechte an, es hatte sich zur Respektierung der Grundrechte verpflichtet – und auf diese bezogen sich unzählige DDR-Bürger in ihren Ausreiseanträgen seit dieser Zeit. Es zeigte sich: Die westliche Menschenrechtspolitik bedeutete nichts weniger als die offensive Seite der Entspannung, und die KSZE-Schlussakte wurde zum Bezugsdokument für sämtliche osteuropäischen Bürgerrechtsbewegungen, die fortan an Stärke zunahmen. Das SED-Regime feierte durch die Aufnahme der DDR in die UNO 1973 und durch die KSZE-Schlussakte von 1975 den Augenblick seiner Anerkennung, übersah jedoch den Preis dafür. Die Unterschrift unter die Menschenrechte erwies sich als ein Trojanisches Pferd und unterminierte die Zukunft der Diktatur.

Offensiver als bisher ging die SED in den 1970er Jahren mit der Mauer um. Sie nutzte sie zur Devisenbeschaffung. Häftlingsfreikäufe, neue Verträge über den Austausch von Gebieten, um die Situation einiger West-Berliner Enklaven zu verbessern, spülte Geld in die Kassen des SED-Staates. Durch die Erhöhung des Mindestumtausches – im November 1973 folgte eine plötzliche Verdoppelung des Satzes – schränkte das Regime den Besucherverkehr immer wieder ein, und so folgte auf die Mauer aus Stein die Mauer des Zwangsumtausches. Überdies herrschten an der deutsch-deutschen Grenze auch während der Ära der Entspannung bürgerkriegsähnliche Zustände. 1970 ließen die DDR-Machthaber erstmals Selbstschussanlagen vom Typ SM-70 an den Grenzzäunen anbringen. Bei Berührung der fast unsichtbar verlegten Zugdrähte verschossen diese Automaten scharfkantige Stahlwürfel. Über die Ergebnisse der Truppenerprobung wurde dem Kollegium für Nationale Verteidigung Ende 1971 berichtet: «Die Splitterwirkung der durch Wild ausgelösten Minen bestätigt die Aussage, dass Personen, die versuchen, die Sperre zu durchbrechen, tödliche bzw. so schwere Schädigungen erhalten, dass sie nicht mehr in der Lage sind, die Staatsgrenze zu verletzen.»[13] Bis 1983 wurden 60 000 dieser Anlagen an der innerdeutschen Grenze installiert, nicht jedoch an der Berliner Mauer, da man fürchtete, die Streugeschosse könnten auch im Westteil der Stadt einschlagen und die Weltöffentlichkeit in Aufruhr versetzen.

Karikaturen in bundesdeutschen Medien zeigten nun einen neuen westlichen Blick auf die Mauer: Sie war auf ihrer Westseite mit einer hübschen Blümchentapete überzogen worden, um ihre Unmenschlichkeit zu kaschieren.[14] Harmlos, fast vertrauenswürdig sah sie aus, irgendwie heimelig. Doch auch nach dem Grundlagenvertrag wurde auf der Ostseite von DDR-Grenzorganen an der Mauer weiter auf Flüchtlinge geschossen – jetzt eben «gutnachbarlich», wie man zynisch anmerken könnte. Viele instrumentalisierten die Mauer für ihre Zwecke. Entspannungspolitiker taten Bilder von Mauertoten als Stimmungsmache ab, die an Zahl geringeren Entspannungsgegner prangerten die ihrer Ansicht nach kurzatmige und ungeschichtliche Friedenspolitik als Anbiederung an den Kommunismus an[15] und bezeichneten die Erschossenen der Flüchtlingstragödien als «Gefallene im deutschen Freiheitskrieg», so der Zeitungsmogul Axel Cäsar Springer 1976.[16] Im Berliner Abgeordnetenhaus geriet das seit 20 Jahren übliche Gelöbnis zu Beginn einer jeden Sitzung in Verruf, wonach der Versammlungsleiter den «unbeugsamen Willen» des Hohen Hauses bekundete, dafür zu sorgen, dass «die Mauer fallen und dass Deutschland mit seiner Hauptstadt Berlin in Frieden und Freiheit wiedervereinigt werden muss».[17] Waren dies, so fragten sich viele, die sich an die Mauer gewöhnt hatten, nicht Pathosformeln aus dem Kalten Krieg? In Politik, Publizistik und Wissenschaft wurde die Teilung Deutschlands jetzt oft als gerechte Strafe für die nationalsozialistische Verbrechenspolitik, als Sühne für Auschwitz, angesehen. Die Mauer, die man nun «Hürde» oder «Grenze» nannte, bedeutete nur mehr eine hässliche, aber logische Konsequenz der verheerenden deutschen Geschichte.[18] Indessen: Waren die Ostdeutschen an dieser Geschichte «schuldiger» als die Westdeutschen? Warum hatten sie das unverdiente Pech, die Rechnung für Hitler zu bezahlen und in einer zweiten Diktatur zu leben, während ihre westlichen Brüder und Schwestern das ebenso unverdiente Glück hatten, auf der «richtigen» Seite des Kalten Krieges zu stehen? Wer nachdachte, erkannte, dass die deutsche Frage nicht gelöst war, es nicht sein konnte und auch nicht durfte.

Die DDR entwickelte sich in der Ära der Entspannung zu einem international anerkannten Staat. In vielen Teilen der Erde glaubte man, dass ein «rotes Jahrzehnt» angebrochen sei, überall schien der Sozialismus auf dem Vormarsch, bald würden die vom Ostblock unterstützten Befreiungsbewegungen in der «Dritten Welt» siegen, während die USA 1975 in Vietnam ein Fiasko erlebten. Offenbar stand die Weltrevolution vor der Tür. In den ostdeutschen Schulen gelang es, massive Ablehnung gegen den Westen und das «BRD-System» zu erzeugen. Doch der Hochmut führte zu gravierenden Fehltritten: Im November 1976 wies die SED den bekannten Dichter und Musiker Wolf Biermann aus der DDR aus. In seinem Gedichtband «Die Drahtharfe» hatte dieser den Stacheldraht an der Grenze mit Saiten seiner Elektrogitarre verglichen, was in den Augen der SED das Fass zum Überlaufen brachte. Biermanns Ausbürgerung war mehr als nur eine Episode. Er war seit den 1960er Jahren zu einer Identifikationsfigur der kritischen DDR-Intelligenz geworden, und mit seiner erzwungenen Ausreise verabschiedeten sich viele Intellektuelle von «ihrem» vormaligen Staat DDR.

8. Anfang vom Ende:
Unruhen im Ostblock, zweiter Kalter Krieg

Auf dem slowakischen Reformkommunisten Alexander Dubcek ruhten die Hoffnungen all jener, die einen «Sozialismus mit menschlichen Antlitz» erstrebten. Seit Beginn des Jahres 1968 brachte die Regierung in Prag liberalisierende Reformen auf den Weg, worauf die Sowjetführung äußerst gereizt reagierte, da sie befürchtete, das Beispiel könne im ganzen Osten Schule machen. In der Nacht zum 21. August 1968 marschierten unter Missachtung des Völkerrechts Truppen des Warschauer Paktes unter der Führung der Sowjetunion in die Tschechoslowakei ein und schlugen den «Prager Frühling» mit Waffengewalt nieder. Auch die Nationale Volksarmee hielt sich auf dem Gebiet der DDR bereit. Der verzweifelte Protest der Prager Bürger half nichts, ihr Experiment von Freiheit und Selbstbestimmung scheiterte an der gewaltsamen Unterdrückung; 94 Tote und mehrere Hundert Schwerverletzte waren zu beklagen.[1] Dubcek wurde in die Sowjetunion gebracht und gezwungen, der Rücknahme der eingeleiteten Reformen zuzustimmen. Dann löste man ihn ab und schloss ihn schließlich aus der Partei aus. Bis zur «sanften Revolution» 1989 arbeitete er in der Forstverwaltung von Bratislava. Die sozialistischen Staaten, so legitimierte die UdSSR ihre Intervention, hätten nur eine begrenzte Souveränität und die Sowjetunion dürfe eingreifen, wenn ihr Anspruch auf Vorherrschaft im kommunistischen

Staatensystem bedroht sei – dies war die Geburtsurkunde der berüchtigten Breschnew-Doktrin. Der Westen blieb ruhig – wie immer, wenn es im Ostblock gärte – und akzeptierte somit die Grenzen des jeweiligen Herrschaftsbereichs.

Die Annahme, dass der Kommunismus reformierbar sei, dass offen über die Verbrechen des Stalinismus gesprochen werden könne, dass freiheitliche und demokratische Ideale mit der marxistisch-leninistischen Idee zu vereinbaren seien – alle diese Annahmen erwiesen sich im August 1968 als Irrtum, als eine große Illusion. Auch in der DDR kam es vereinzelt zu Protesten vor allem junger Menschen gegen die Okkupation und Repression. In seiner «Geschichte Europas seit dem Zweiten Weltkrieg» formuliert der amerikanische Historiker Tony Judt: «Der Kommunismus in Osteuropa stolperte weiter, gestützt durch eine befremdliche Allianz aus Auslandskrediten und russischen Bajonetten, bis der faule Kadaver 1989 schließlich fortgeschleift wurde. Die Seele des Kommunismus aber war schon zwanzig Jahre früher gestorben: in Prag, im August 1968.»[2]

Prag war nicht die letzte Station auf dem Weg in den Untergang, Polen kam hinzu. Für die Durchbrüche zur Demokratie in Ostmitteleuropa war Polen das entscheidende Land, denn hier gärte es seit 1945 am häufigsten und hier war die Massenbewegung gegen den Sowjetkommunismus seit den 1970er Jahren am stärksten. Es breitete sich die mächtige Gewerkschaftsbewegung «Solidarność» aus. Außerdem wurde 1978 mit Kardinal Wojtyla erstmals ein Pole auf den Thron Petri gewählt. Papst Johannes Paul II. und die über 10 Millionen Menschen umfassende Gewerkschaftsbewegung mit ihrem «Anführer» Lech Walesa an der Spitze, der 1983 den Friedensnobelpreis erhalten sollte – dieses Bündnis von Religion und Nation war wirkungsmächtiger als jede andere Allianz und unterspülte von Polen aus die Grundfeste des Ostblock-Kommunismus.[3]

Edward Gierek, der Erste Sekretär der Vereinigten Arbeiterpartei Polens, habe, so berichtete die «Neue Zürcher Zeitung», am 16. Oktober 1978 zu seiner Frau gesagt: «Ein Pole ist Papst geworden. Das ist ein großes Ereignis für die Nation und bedeutet erhebliche Schwierigkeiten für uns.» Was er damit meinte, wird noch klarer, wenn man in den «International Herald Tribune» vom gleichen Tag schaut, in dem zu lesen war, es sei dies ein Ereignis, «als wenn der sowjetische Chef-Dissident Solschenizyn zum Generalsekretär der UNO gewählt» worden wäre. Etwas weniger spektakulär, aber treffend schrieb die linksliberale französische «Libération»: «Die Kirche richtet an ihren Rivalen und Feind (...) eine Warnung – an den Sozialismus, so wie er im sowjetischen Machtbereich praktiziert wird.» Und «Der Spiegel» titelte: «Ein Papst, der die Kommunisten herausfordert».[4] So geschickt und zurückhaltend sich Papst Johannes Paul II. auf seinen beiden Reisen nach Polen auch verhielt – Provokationen hätten in einem Blutbad enden können –, so predigte er doch immer auch Mut zur Veränderung. Dem langjährigen Oberhaupt der katholischen Kirche wird heute eine entscheidende Rolle für das Ende der kommunistischen Herrschaft in Europa zugeschrieben, nicht zuletzt haben unmittelbar Beteiligte wie Michail Gorbatschow oder Lech Walesa diese Einschätzung wiederholt dargelegt. So schreibt Gorbatschow, der sofort nach dem Fall der Mauer am 1. Dezember 1989 von Johannes Paul II. im Vatikan empfangen wurde, in seinen Erinnerungen: «Alles, was in den letzten Jahren in Osteuropa geschehen ist, wäre ohne diesen Papst nicht möglich gewesen»,[5] und Walesa meinte noch im April des Jahres 2005 gegenüber der «Financial Times», dass der Kommunismus ohne ihn nicht so relativ friedlich zugrunde gegangen wäre.[6]

Ebenso wie Walter Ulbricht 1968 darauf gedrängt hatte, unbedingt Panzer nach Prag zu schicken, um die abtrünnigen Reformkommunisten wieder auf Linie zu bringen und den Volksaufstand niederzuschlagen, so plädierte zwölf Jahre später Erich Honecker dafür, in Polen einzugreifen. Wenn die Polen kein «Brudervolk» mehr sein wollten, so seine Befürchtung, könnte die DDR zum Blinddarm des Ostblocks degradiert werden. Auf die anderen sozialistischen Nachbarn, die Tschechen, war in den Augen Honeckers ohnehin kein Verlass. Dort hatten am 1. Januar 1977 Bürgerrechtler, die sich auf die KSZE-Schlussakte von Helsinki beriefen, die Bürgerrechtsbewegung «Charta 77» gegründet, die seither beständig auf die Missachtung von Menschenrechten hinwies und den östlichen Diktaturen ein Stachel im Fleisch war.

Würde sich in Polen ein zweites «Prag 1968» ereignen? Tatsächlich fanden Ende 1980 bereits Vorbereitungen zur militärischen Intervention statt. Die Krise erreichte 1981 ihren Höhepunkt, als der neue polnische Ministerpräsident General Wojciech Jaruzelski im Dezember das Kriegsrecht über das Land verhängte. Damit wurde die Gewerkschaftsbewegung unterdrückt, jedoch gleichzeitig die drohende Militärintervention von außen abgewendet – um die Pest zu bekämpfen, wählte Polen die Cholera.

Es war nicht mehr zu übersehen, dass der zweite Kalte Krieg Europa erreicht hatte. Die Deutschen in Ost und West versuchten jedoch an der Entspannung festzuhalten, was bei beiden Supermächten auf Misstrauen stieß, denn sie unterstellten ihnen ein nationalistisches Techtelmechtel. Auf Druck Moskaus sah sich Honecker im Oktober 1980 zu den vier Geraer Forderungen an die Bundesrepublik gezwungen. Diese lauteten, erstens die Elbgrenze in der Strommitte «festzustellen», zweitens die Erfassungsstelle für Gewaltverbrechen der DDR in Salzgitter aufzulösen – dort wurden nicht zuletzt die Tötungshandlungen an der innerdeutschen Grenze dokumentiert –, drittens die DDR-Staatsbürgerschaft zu respektieren und viertens die DDR-Vertretung in Bonn und die Ständige Vertretung der Bundesrepublik in Ost-Berlin in normale Botschaften umzuwandeln. Auffälligerweise beharrte das SED-Regime indessen nicht auf diesen Maximalpositionen; sie verschwanden rasch wieder in der Schublade.

Während die USA noch infolge des verlorenen Vietnamkrieges gedemütigt waren, konnte die Sowjetunion erstmals seit dem Zweiten Weltkrieg Landgewinne im globalen Machtkampf verbuchen, und im Dezember 1979 marschierten sowjetische Truppen in Afghanistan ein. Darüber hinaus wusste die NATO, dass die UdSSR seit etwa 1977 Monat für Monat Raketen mit jeweils drei Sprengköpfen in Dienst stellte, die im Westen als SS 20 bezeichnet wurden. Diese Waffen konnten Westeuropa vom Boden der Sowjetunion aus erreichen, nicht aber die USA, weshalb sie nicht den SALT-Bestimmungen – Rüstungsbegrenzungen im Interkontinentalbereich – unterlagen, auf die sich die Supermächte geeinigt hatten. Für Westeuropa wurde die Sicherheitslage somit prekär. Ein Weg aus dieser Krise wies der NATO-Doppelbeschluss Mitte Dezember 1979: Im Falle eines Nichtabbaus der SS 20-Raketen binnen vier Jahren sollten amerikanische Pershing II-Raketen und Cruise Missiles in Westeuropa stationiert werden. Verhandlungsangebot und Nachrüstung – dies waren die beiden Seiten des Doppelbeschlusses. Er ließ vor allem in der Bundesrepublik eine mächtige Friedensbewegung entstehen, die mit scheinheiligen Argumenten von der DDR und dem östlichen «Friedenslager» unterstützt wurde. Im eigenen Land ging die SED jedoch gegen autonome Friedensgruppen, die unter dem Motto «Schwerter zu Pflugscharen» für eine Abrüstung in West und Ost demonstrierten, mit der geballten Staatsmacht repressiv vor, und es waren fast einzig und allein die bundesdeutschen GRÜNEN, die gegenüber Honecker kein Blatt vor den Mund nahmen. Als einige ihrer Bundestagsabgeordneten vom Staatsratsvorsitzenden Ende Oktober 1983 empfangen wurden, griff ihn Petra Kelly scharf an: «Ich würde Sie bitten zu erklären, Herr Honecker, warum Sie hier verbieten, was Sie bei uns bejubeln.»[7]

Dass die sozial-liberale Koalition unter dem SPD-Kanzler Helmut Schmidt 1982 zerbrach, lag an vielem, nicht zuletzt auch daran, dass die eigene Partei von ihrem Kanzler, der den Doppelbeschluss für richtig hielt, abrückte. Kamen nun die Kritiker der Entspannungspolitik an die Macht? Würde alles anders werden? «Les extrêmes se touchent» – die Extreme berühren sich – sagt ein französisches Sprichwort; im Deutschen heißt es in etwas abgeschwächter Version, dass sich Gegensätze anziehen. Bei Franz Josef Strauß, dem bayerischen CSU-Ministerpräsidenten, und dem Staatsratsvorsitzenden Erich Honecker, scheint dies so gewesen zu sein. Zwei «Klassenfeinde», die sich ziemlich gut verstanden, wie bei Strauß' Besuch Ende Juli 1983 am Werbellinsee in der Schorfheide sichtbar wurde. Anlässlich dieser privaten Besuchsreise des mächtigen Bayern in die DDR sprachen beide über einen sensationellen Milliardenkredit für die marode DDR, den Strauß dann mit Alexander Schalck-Golodkowski aushandelte. Dieser war Chef des «Bereiches Kommerzielle Koordination» (KoKo), einer Behörde, die im rechtsfreien Raum international Bankgeschäfte tätigen und Konten unterhalten konnte. Mit den Geschäften der KoKo hoffte die DDR-Führung die dramatisch wachsende Auslandsverschuldung reduzieren zu können. Die Bundesrepublik Deutschland bürgte für den Kredit, den die DDR bei westdeutschen Banken aufnahm und der das Leben (und Sterben) der ostdeutschen Diktatur um einige Jahre verlängerte. Im Gegenzug rang sich das SED-Regime wie schon bei der Neuen Ostpolitik zu humanitären Zugeständnissen durch, baute Selbstschussanlagen an der innerdeutschen Grenze ab, versprach weitere Reiseerleichterungen und lockerte den Zwangsumtausch. Allerdings beharrte die SED darauf, dass dies öffentlich nicht «Bedingung» genannt werden durfte. Dass ausgerechnet der oft als «kalter Krieger» angefeindete Franz Josef Strauß den ersten Milliardenkredit einfädelte (1984 und 1985 folgten weitere), war für viele eine Überraschung. Im eigenen Lager bezichtigten ihn daher nicht wenige des «Verrats». Doch Strauß' Verhalten zeugt davon, dass es seit den 1970er Jahren eine deutschlandpolitische Kontinuität gab, die für alle Bundesregierungen verpflichtend war.[8] Die seit 1982 amtierende konservativ-liberale Bundesregierung unter Helmut Kohl hatte sich mit den Ergebnissen der einstmals so angefeindeten Neuen Ostpolitik ausgesöhnt und führte diese nahtlos weiter.[9] Eine Karikatur im «Spiegel» von Mitte 1983 zeigt Franz Josef Strauß als bajuwarisches Engelchen, das über Mauer und Stacheldraht geflogen kommt und ein großes Füllhorn auskippt, aus dem D-Mark-Scheine in den Osten flattern.

Innerhalb der CDU/CSU war nur noch wenig Widerspruch gegenüber dieser deutschlandpolitischen Kontinuität zu vernehmen. Natürlich hatte Helmut Kohl in seiner Regierungserklärung vom 13. Oktober 1982 an die Präambel des Grundgesetzes erinnert: «Mauer, Stacheldraht und Schießbefehl sind und können nicht das letzte Wort zwischen Ost und West sein, in Deutschland, in Europa und in der Welt. Menschlichkeit und Vernunft weigern sich, dies hinzunehmen.»[10] Kaum jemand hätte dies anders formuliert. Und niemand hat die deutsche Wiedervereinigung, die am Ende des Jahrzehnts stehen sollte, vorausgesehen – die deutsche Frage stehe nicht auf der Tagesordnung der Weltgeschichte, so lautete der offizielle Sprachgebrauch. Routinemanagement obwaltete in der Deutschlandpolitik, Stabilität galt als oberstes Gebot, die Zweistaatlichkeit war im Wesentlichen akzeptiert. Es ging nur darum, die ärgsten Schäden und Beeinträchtigungen für die Menschen immer wieder zu reparieren.

1986 wurde die erste deutsch-deutsche Städtepartnerschaft zwischen Eisenhüttenstadt und Saarlouis gegründet, und im selben Jahr konnte endlich ein deutsch-deutsches Kulturabkommen zwischen der Bundesrepublik und der DDR unter Dach und Fach gebracht werden, über das man zwölf Jahre lang ergebnislos verhandelt hatte. Es kam sogar zu einer Zusammenarbeit, die so niemand erwartet hätte, zu einer deutsch-deutschen «Koalition der Vernunft», so der Ausdruck, auf den sich beide Regierungschefs in zahlreichen Gesprächen geeinigt hatten.[11] In der weltpolitischen Krisenzeit der frühen 1980er Jahren, als die beiden Supermächte erneut gegeneinander in Stellung gingen, eine neue Eiszeit und ein zweiter Kalter Krieg ausbrach, versuchten die Bundesrepublik und die DDR von der Entspannungspolitik zu retten, was noch zu retten war. Beide Länder emanzipierten sich in gewisser Weise von der jeweiligen Supermacht.

Auf das Jahr 1987 fiel der Höhepunkt des kooperativen Verhältnisses. Erich Honecker, der «rote Zar», konnte sich einen Lebenstraum erfüllen – ihm wurde am 7. September in der Bundeshauptstadt Bonn der rote Teppich ausgerollt, Bundeskanzler Helmut Kohl begrüßte ihn offiziell als Staatschef und eine Ehrenformation der Bundeswehr empfing ihn mit militärischem Zeremoniell.[12] Für Erich Honecker bedeutete dies den Triumph seines Lebens, jetzt noch ein Staatsbesuch in Washington, dann wäre die internationale Anerkennung perfekt – die Ebenbürtigkeit der DDR mit der Bundesrepublik dokumentiert. Natürlich erinnerte Helmut Kohl beim Trinkspruch vor dem abendlichen Festmenü daran, dass die Mauer unerträglich sei, doch Honecker, der im Verlauf seiner Reise immer lockerer und selbstsicherer wurde, steckte diesen Hinweis, den er so oft schon gehört hatte, einfach weg. Dass Triumph und Tragik in der Geschichte häufig eng beieinander liegen, zeigt der weitere Verlauf: Zwei Jahre später war die DDR unwiederbringlich dem Untergang geweiht.

9. Längste Leinwand der Welt:
Die Pop-Art-Mauer

Die Mauer war dreierlei zugleich: Für den Osten war sie, erstens, ein Bollwerk, ein Wehrbau und eine Stadtbefestigung durchaus im Sinne von Herrscherbauten wie es sie seit Jahrhunderten gegeben hat. Wie die Pariser Bastille symbolisierte sie für die Bevölkerung Knechtung und Unfreiheit, Zwang und Gefangenschaft. Aus einer neutralen Position heraus gehörte die Mauer, zweitens, schlicht und einfach zu den prominentesten Architekturen in der zweiten Hälfte des 20. Jahrhunderts; sie stand, wie der Eiserne Vorhang, zeichenhaft für einen Teilungsstrich und für die politische Realität der Trennung. Im Westen wurde die Mauer, drittens, mit anklagenden oder katastrophischen Topoi versehen, Schandmauer, Betonmonstrum, Todesmauer, bevor allmählich eine Gewöhnung einsetzte. Wer in den 1980er Jahren von West-Berlin auf die Mauer blickte, sah ein postmodernes Kunstwerk, so knallbunt wie die Wände der Pariser Metro oder der New Yorker U-Bahn – wahre Farborgien riesiger Bilder breiteten sich vor dem Auge des Betrachters aus, flotte Sprüche waren zu lesen, Witziges, Skurriles, Tiefsinniges ebenso. Die Mauer war zur längsten Leinwand der Welt geworden, ihre menschenverachtende Funktion als Bollwerk verschwamm, der Todesstreifen und die martialischen Sperranlagen auf der östlichen Seite gerieten fast in Vergessenheit.

12 Mauer-Kunst: Blick von Berlin-Kreuzberg in Richtung Fernsehturm, 1985.

Viele im Westen hatten sich an die Mauer – und damit auch an die Teilung Deutschlands – gewöhnt, zumindest wurde die Mauer mehr und mehr «übersehen» oder in den Alltag der Menschen integriert. Das Grenzgebiet erschien manchen als Naturschutzpark, das zu Entspannung und Erholung einlud, und so entstand an der Westseite der Mauer eine Maueridylle mit Kaninchenställen und Alternativkultur.[1] Hier wuchs das Grün besonders üppig, die Flächen wurden Biotop genannt, und Camper machten es sich im Schatten der Mauer bequem. Ideal war das Gebiet auch, um Tischtennis zu spielen, denn nirgendwo sonst war man vor dem böigen Ostwind so gut geschützt. Aber auch dies: Selbstmörder rasten mit ihrem Auto gegen die Mauer. Zudem durchschnitt sie 30 Kilometer Landschaftsschutzgebiet, das Jogger, FKK-Anhänger und Ornithologen gleichermaßen entzückte, nach 55 Jahren Pause wurde im Berliner Norden sogar wieder der Graureiher heimisch. «Leben mit der Mauer» aus dem Blickwinkel eines jungen Zeitzeugen gestaltete sich so: «Wenn ich mal das dringende Bedürfnis hatte, meine Ruhe zu haben, dann war das hier ein idealer Ort. Der grüne Uferstreifen gehörte bereits zu Ost-Berlin, aber die Mauer verlief einige Meter hinter dem eigentlichen Ufer. Mit einigen Umwegen kam man auf diesen Grünstreifen und konnte sich dann dort zum Sonnenbaden hinlegen. Der Ort war nicht einmal unpopulär. Im Sommer bei schönem Wetter lagen dort eine ganze Menge junger Leute. Das war eine angenehme Stimmung dort. Man lag auf seiner Decke, las ein Buch, war im Grünen direkt am Wasser und man hatte wirklich seine Ruhe, weil keine Spaziergänger vorbeikamen (...) An warmen Sommertagen saßen wir oft hier, hatten ein kleines Lagerfeuer entfacht und leerten so manche Weinflasche.»[2]

Zu den Merkwürdigkeiten der deutschen Teilung gehörte es, dass dort, wo die Mauer stand, nicht immer auch die Grenze verlief. Seit den 1980er Jahren gab es deshalb Bemühungen zwischen dem West-Berliner Senat und dem SED-Regime, Gebiete auszutauschen oder zu verkaufen, um Grenzen zu begradigen. Vor allem die Enklaven sollten verschwinden. Eine Vereinbarung vom Sommer 1988 sah vor, dass die DDR das so genannte Lenné-Dreieck – eine Fläche zwischen dem Mauerstreifen zum Potsdamer Platz, der Bellevuestraße mit der Ruine des ehemaligen Grandhotels Esplanade und der Lennéstraße – an den Westen abtrat. Wie immer ließ sich die DDR auch diesen Handel gut bezahlen. Der Preis betrug 76 Millionen D-Mark. Der Berliner Senat wollte eine Autobahn entlang der Mauer zwischen mehreren Berliner Bezirken bauen. Allerdings: Dieses Dreieck war schon längst zu einer Insel für Autonome geworden, die hier einen rechtsfreien Raum eingerichtet hatten. Ein Hüttendorf mit über dreißig Behausungen war entstanden. Dieses Dorf wurde nun zum Wehrdorf ausgebaut. Die DDR-Staatsmedien hatten die Besetzer zu ausgewiesenen Antifaschisten und friedlie-

13 Bei der Räumung des Hüttendorfes im Lenné-Dreieck «flüchten» West-Berliner Autonome über die Mauer nach Ost-Berlin, Juli 1988.

benden Aktivisten hochstilisiert. Als die West-Berliner Polizei im Juli 1988 das Hüttendorf im Niemandsland an der Mauer räumen wollte, kletterten zweihundert Alternative spontan über die Mauer nach Osten. Diese Bilder von der ersten «Massenflucht» in die DDR gingen um die Welt, und NVA-Grenzsoldaten nahmen die Mauerspringer mit offenen Armen sowie tätiger Kletterhilfe auf. Ein gravierender Unterschied zur gewöhnlichen Lage bestand allerdings: Die Mauerspringer durften, nachdem das Regime sie sogar mit einem Frühstück versorgt hatte, allesamt die DDR wieder verlassen. Es war absurd: Die Autonomen hatten sich auf ihrer «Flucht» vor der West-Berliner Polizei ausgerechnet in den «Schutz» eines Staates begeben, für den die Verletzung der Menschenrechte zum alltäglichen Geschäft gehörte.[3]

Wohin man schaute, überall konnte man eine verkehrte Welt entdecken. Unter dem Einfluss der Mauerkunst seit

Mitte der 1970er Jahre entstand im Westen ein vergnüglicher Grenztourismus, den nur noch wenige für abgeschmackt hielten. Orgiastische Fantasiewesen zwischen Mensch und Tier trugen die französischen Graffiti-Künstler Christophe Bouchet und Thierry Noir auf das graue Gemäuer, und Charles Hambleton malte seine Schattenmänner, mit denen er bereits in der amerikanischen Pop-Szene bekannt geworden war, ja selbst Keith Haring, der Star der US-amerikanischen Graffiti-Art, ließ es sich nicht nehmen, seine Kunst auf der Mauer zu verewigen.[4] Einige Jahre zuvor wäre dies außerhalb jeglicher Vorstellungskraft gewesen; wer sich der Schandmauer künstlerisch näherte, wurde von Politik und Öffentlichkeit gleichermaßen an den Pranger gestellt. 1964 war Joseph Beuys eine Welle der Empörung entgegengeschlagen. Was hatte der Künstler getan? In seiner unnachahmlichen Art und Weise, Leben als Kunst und Kunst als Leben zu betrachten, hatte Beuys auf dem Festival der neuen Kunst in Aachen am 20. Juli dafür plädiert, die Berliner Mauer aus Proportionsgründen um fünf Zentimeter zu erhöhen. In einem Aktenvermerk, aufgenommen in «Lebenslauf/Lebenswerk», begründet er den Vorschlag «Erhöhung der Mauer um 5 cm (bessere Proportion!)»: «Die Betrachtung der Berliner Mauer aus einem Gesichtswinkel, der allein die Proportion dieses Bauwerks berücksichtigt, dürfte doch wohl erlaubt sein. Entschärft sofort die Mauer. Durch inneres Lachen. Vernichtet die Mauer. Man bleibt nicht mehr an der physischen Mauer hängen. Es wird auf die geistige Mauer hingelenkt, und diese zu überwinden, darauf kommt es ja wohl an (...) Reden Sie nicht so viel von der Mauer! Begründen Sie durch Selbsterziehung eine bessere Moral im Menschengeschlecht und alle Mauern verschwinden.»[5]

In der Bildenden Kunst gab es bis Anfang der 1970er Jahre kaum Interpretationen der Mauer – mit einer wichtigen Ausnahme. Axel Cäsar Springer konnte 1966 Oskar Kokoschka dafür gewinnen, im 19. Stock seines an der Mauer stehenden Verlagshauses ein Atelier einzurichten, in dem das Werk

«Der 13. August 1966» entstand. Vier künstlerische Wettbewerbe, initiiert von der «Arbeitsgemeinschaft 13. August», änderten die im Ganzen doch auffällige Abstinenz der Mauer in den Bildenden Künsten, wenngleich von der Jury beklagt wurde, dass viele Entwürfe der Themenstellung fern lagen oder sie sogar völlig verfehlten. 1973 lautete der erste internationale Wettbewerb «Maler interpretieren DIE MAUER», 1976 «BERLIN – Von der Frontstadt zur Brücke Europas», 1984 «Die Überwindung der Mauer durch ihre Bemalung». Der bekannteste Wettbewerb fand 1979 statt, sein Thema lautete «Wo Weltgeschichte sich manifestiert». Die eingereichten 71 Entwürfe zur Bemalung einer 28 Meter hohen Hauswand am Checkpoint Charlie sollten Ausdruck internationaler Solidarität sein. Renommierte Namen versammelten sich, etwa Wolf Vostell, HA Schult, Johannes Grützke, Giovanni Rinaldi und Nemesio Antunez. Sieger der Publikumsjury war Matthias Keppels Entwurf «Die Niederreißung der Berliner Mauer»: Über die zerborstene Mauer hinweg reichten sich ein Ost- und ein Westdeutscher glücklich die Hände – ein Jahrzehnt vor dem realen Ereignis war der Mauerfall künstlerisch vorweggenommen worden.[6]

Charakteristischerweise wurde in diesem Wettbewerb eine Häuserwand bemalt. Die Berliner Mauer war nie als Kunstwerk gedacht, doch entgegen der grauenvollen Realität für die Menschen wurde die Mauerkunst seit den 1980er Jahren ein fester Bestandteil der Grenze zur DDR und stellte für West-Berlin eine wichtige Dimension der öffentlichen Kunst dar, die man gern förderte, weil sie Jahr für Jahr Hunderttausende Touristen nach Berlin zum ästhetischen Seismographen des Ost-West-Konflikts lockte: Berlinförderung durch Bemalung der Mauer. Fotoreportagen, Filme, Installationen, Performances und Modeschauen – die Produkte dieser Aktionen gingen um die Welt und zerrten das DDR-Regime immer wieder aufs Neue in die internationale Öffentlichkeit. Gleichzeitig kaschierte diese neue Buntheit die Brutalität der Mauer.

Technisch war eine großflächige künstlerische Gestaltung und Tätowierung der Mauer, die sich als Volks- oder gar Hochkunst goutieren ließ und gewinnträchtig vermarktet werden konnte, erst möglich, als sich die Beschaffenheit der Mauer seit der Mitte der 70er Jahre änderte. Die «Grenzmauer 75» stellte eine perfekte Leinwand dar. Aufstellung und Farbe der Mauersegmente ließen eine weiß getünchte, leere, homogene Mauer entstehen, die den idealen Grund für eine großflächige Bemalung und somit die technischen Voraussetzungen für die Mauerkunst bot. Dass man sich politisch weitgehend an die Mauer gewöhnt hatte, Schock und Aversion abgeklungen und einer alltäglichen Hinnahme gewichen waren, bildete das zeitgeistige Fundament dafür. So entwickelte sich eine eigentümliche Mauerästhetik, die Künstler und Amateure, die ihre Werke stolz signierten, miteinander vereinte. Unzählige Menschen beteiligten sich aktiv an dieser Art der visuellen Kommunikation. Sie nahmen erstaunt die Wirkung von Farbe und Formen wahr und verbanden dies mit dem Wunsch, das Unabänderliche möge sich dadurch verändern. Charakteristisch für die Mauerkunst waren die fließenden Übergänge von Stehenlassen, Ergänzen und Übermalen der vorhandenen Bilder – ein Kreislauf, der stets wieder von neuem begann. Außerdem lockte der Reiz des Verbotenen: Die Mauer einschließlich des vorderen Sperrelements war im Besitz der DDR und befand sich einige Meter hinter der eigentlichen Grenze, man befand sich also auf dem Staatsgebiet der DDR: Betreten verboten. 1986 erwischten DDR-Grenzsoldaten durch eines der Schlupftore der Mauer einige Künstler; sie wurden festgenommen, in den Osten gebracht und zu zwanzig Monaten Haft verurteilt.

Die auf der Berliner Mauer dargestellten Motive wiesen eine große inhaltliche Spannweite auf und konnten über private Botschaften, Nonsens und Kritzeleien über politische Statements bis hin zur «hohen» Kunst reichen. Die schier unbegrenzte Malfläche veranlasste zu meter- und kilometerlangen Mauerbildern, manchmal fanden sie indessen ihre Begrenzungen durch die Fugen der einzelnen Mauersegmente. An der Mauerkrone prangten häufig der Titel der Darstellung oder die Signatur des Künstlers. Trotz der Gestaltungsvielfalt tauchten bestimmte Motive immer wieder auf: Symbole des Sich-Öffnens der Mauer, etwa in Gestalt eines Reißverschlusses, oder Durchbrüche, in Form von Türen, Leitern, Treppen und Mauerfrakturen. Zugleich waren jedoch auch Symbole der Unüberwindbarkeit der Mauer zu finden, etwa durch die französische Künstlerin Nora Aurienne, die auf einfarbigem Hintergrund realistische Gegenstände malte, die an der Mauer zerbrechen: zerscheltes Geschirr, zerbrochene Pfeile. Ein weiteres Motiv, das die Unüberwindbarkeit der Grenze hervorhob, war der weiße Strich, der sich 1986 zwischen Mariannenplatz und Potsdamer Platz auf Augenhöhe der Betrachter über sämtliche Bilder zog.

Die Techniken der Bemalung variierten – Öl, Acryl, Filzstift, Kreide, Bleistift, Lippenstift, alles kam zum Einsatz. Dem traditionellen Auftragen von Farbe durch einen Pinsel machte rasch die Sprühdose Konkurrenz, bis Ende der 1980er Jahre hatten sich besonders die Schablonen-Graffitis, «Pochoir» genannt, etabliert. Das Motiv wurde nicht frei Hand, sondern mit Hilfe einer Schablone gesprayt, und so konnte das Motiv mehrere Male reproduziert werden – das Seriengraffiti war entstanden.

Schließlich waren auch die Mauerkünstler keine homogene Gruppe, sondern ein bunt gemischter «Haufen» von Akteuren unterschiedlicher sozialer Herkunft, verschiedener Nationalität und Generation.[7] Einige Künstler stachen besonders heraus. Die humorvollen Bilder von Thierry Noir und Christophe Bouchet, zwei der aktivsten Mauerkünstler, prägten Mitte der 1980er Jahre weite Teile der Mauer. Der 1958 in Lyon geborene Noir kam 1982 nach Berlin in die «Hauptstadt der neuen deutschen Welle», wohin es beispielsweise auch die Musiker Iggy Pop und David Bowie zog. Noir hatte bis dahin keine künstlerische Ausbildung genossen, verstand sich wie in solchen Situationen üblich zunächst als Antikünstler,

14 «Eierköpfe» des französischen Künstlers Thierry Noir. Mauer-Teilstück in der East Side Gallery in Berlin-Friedrichshain.

und hatte dann die erwünschte Eingebung. Er musste nach eigener Aussage «plötzlich etwas gegen diese Mauer, dieses Monstrum» tun.[8] Da die Mauer, wie bereits erwähnt, hinter der offiziellen Grenze lag, und Grenzsoldaten Verhaftungen vornehmen konnten, malte Noir meist nachts und hastig mit großen Rollen Formen an die Mauer, anschließend sprühte er Konturen – bunte, im Profil gemalte Eierköpfe mit hervorstehenden Nasen, geschwollenen Lippen und aufgerissenen Augen.

Die Mauer wurde zu einem weltweit am meisten bevorzugten Ort von Happenings. Ein wichtiger Künstler war auch Jürgen Große, der unter dem Pseudonym Indiano seit 1984 die Mauer bemalte. Alle Künstler reagierten wiederum aufeinander in Gestalt von Kommentaren, Ergänzungen, Übermalungen und Provokationen. Dabei spiegelten sich politische Stimmungen und soziale Konflikte wider, etwa anlässlich der umstrittenen Volkszählung in der Bundesrepublik und in West-Berlin 1984. Jenseits der bekannten Platzhirsche

15 John Runnings balanciert am 7. August 1986 auf der Mauer.

der Szene konnte der Betrachter weitere interessante Positionen entdecken: Birgitt Scharpf brachte ausdrucksstarke Figuren-Friese an, die sich an die griechische Vasenmalereien anlehnten. Jonathan Borofskys 3,6 Meter hoher «Running Man» beeindruckte. Der Berliner Künstler Rainer Fetting schritt nächtens entlang der Mauer, projizierte dabei seinen Schatten gegen den Stahlbeton und hörte von Jimi Hendrix «Gypsy-Eyes». Als Hommage an Marcel Duchamp brachte Christophe Bouchet an der Mauer ein Waschbecken an, das Grenzsoldaten sofort wieder demontierten und «sicherstellten». Kopulierende Panzer konnte man sehen und überall Sprüche lesen: «Erich rück den Schlüssel raus», «Wer hier durchkommt, kriegt von mir ne Mark», «DDR – der doofe Rest», «Freiheit für Grönland. Weg mit dem Packeis», «Macht's wie die Tauben – scheißt auf die Mauer» und so weiter und so fort. 1986 kletterte der berüchtigte Mauerspringer

John Runnings vor den Augen von DDR-Grenzsoldaten mehrmals mit einer Leiter über die Mauer, veranstaltete Spaziergänge auf der Mauerkrone und schlug mit einem schweren Vorschlaghammer auf den Beton ein. Er brachte die Grenzsoldaten, die die Aktion mit Kameras dokumentieren mussten, an den Rand der Verzweiflung, während die Schaulustigen im Westen vor Freude johlten.[9]

Aus der Mauerkunst entstand nach dem Mauerfall 1989/90 die 1,3 Kilometer lange East-Side Gallery, die der schottische Galerist Chris MacLean angeregt hatte: 118 Künstler aus 21 Ländern gestalteten hier die größte Freiluftgalerie der Welt.[10] Darüber hinaus wurden bemalte Mauersegmente in alle Welt verkauft, der Erlös sollte für humanitäre Zwecke eingesetzt werden, die ehemaligen Mauerkünstler gingen leer aus. Thierry Noir zog daraufhin vor Gericht und bekam Anfang 1995 in dritter Instanz das Recht auf eine Beteiligung am Erlös zugesprochen.

Mauerkunst war Kilometerkunst. Sie verband Grenzverletzung mit grenzüberschreitenden Botschaften und präsentierte künstlerische Fantasie, die auf dem Weg der Ästhetik den politischen Abschreckungscharakter der Grenzmauer unterlief. So gesehen war Mauerkunst Beton-Poesie. Die unübersehbare Brutalität der Mauer wirkte abstoßend und zugleich faszinierend, sie beförderte einen Katastrophentourismus. Mauerkunst war Katastrophenkunst. Natürlich wollte die Mauerkunst auch ein Triumph der Vision über die Macht des Faktischen sein. Die Ursprünge des Projektes von Christo und Jeanne-Claude, den Berliner Reichstag zu verhüllen, speisten sich beispielsweise aus solch utopischen Zutaten. Ziel war, die Mauer wieder stärker ins Bewusstsein der Menschen und der Weltöffentlichkeit zu heben. Als es 1995 endlich zur grandiosen Verhüllung des Reichstages kam, war die Mauer längst gefallen, das reale Leben hatte die Kunst eingeholt.

10. Der Feind im eigenen Lager:
Die SED und Michail Gorbatschow

Als Michail Gorbatschow im Mai 1985 zum Chef der KPdSU gewählt wurde, war er mit 54 Jahren ein für sowjetische Verhältnisse relativ junger Mann. Seit Leonid Breschnews Tod hatte sich die östliche Supermacht in einer permanenten Krise befunden. Im November 1982 war der gesundheitlich schwer angeschlagene langjährige KGB-Chef Juri Andropow Kremlchef geworden, starb jedoch bereits nach nur 15-monatiger Regierungszeit. Bei der Wahl seines Nachfolgers konnte sich der konservative Flügel im Machtkampf mit den Reformern noch einmal durchsetzen, doch Konstantin Tschernenko vermochte das Szepter nur 13 Monate in den Händen zu halten, dann starb auch er.

Nun also Gorbatschow. Er war fest entschlossen, sein Land aus dem Niedergang herauszuführen, es fit zu machen für das neue Jahrtausend und er legte dabei ein schnelles Tempo vor. Es mussten insbesondere wirtschaftliche Reformen eingeleitet werden. Gorbatschow beabsichtigte, marktwirtschaftliche Elemente zuzulassen, die zentrale Planung zu lockern und in begrenztem Umfang auch auf Privateigentum zu setzen, all dies mit dem Ziel, die Effizienz der Wirtschaft zu steigern. Dieser rasch eingeleitete Prozess wurde weltweit als «Perestroika» – Umgestaltung – bekannt. Darüber hinaus wollte er diese ökonomischen Umgestaltungen mit einem gewissen Zuwachs an Demokratie verbinden, allerdings zunächst ohne die «führende Rolle der Partei» anzutasten. Jedenfalls sollten die gesellschaftlichen und politischen Abläufe transparenter gemacht werden, dies war der Inhalt von «Glasnost». Dazu gehörten Rede- und Pressefreiheit, eine Modernisierung des Machtapparats, ein Ausbau der Rechtsstaatlichkeit sowie eine Liberalisierung im Kultur- und Medienbereich. Gorbatschow zeigte sich der Bevölkerung, er suchte die Realität des sowjetischen Alltags jenseits der Zuflüsterer und Schönredner.

Politik im Dialog könnte man diesen Stil nennen, der auch den Bereich der Außenpolitik betraf. Hier zielte der neue Mann darauf, den Kalten Krieg zu beenden, zumindest durch Abrüstung zu zähmen, denn die horrenden Militärausgaben führten die Sowjetunion unaufhaltsam in den Abgrund; außerdem musste der Krieg in Afghanistan beendet werden. Die UdSSR wollte Gorbatschow in ein «europäisches Haus» integrieren und sie stärker in die Weltwirtschaft einbinden. Es hatte sich nämlich gezeigt, dass das sowjetische Imperium überdehnt und die absolute Kontrolle über Osteuropa ein Verlustgeschäft für die Weltmacht geworden war.[1]

Michail Gorbatschow wollte also nicht nur Reformen um der Reform willen, nein, die Sowjetunion benötigte sie geradezu lebensnotwendig. Ein reformiertes Osteuropa konnte in seinen Augen eine Brücke zum Westen sein – und ihn, den Westen, brauchte er unbedingt für die Modernisierung der eigenen Ökonomie. Bald schon fiel Gorbatschows besonderes Augenmerk auf die wirtschaftlich starke Bundesrepublik Deutschland. Dabei waren die Beziehungen zunächst stark belastet gewesen. Bundeskanzler Helmut Kohl wurde fast zwei Jahre lang von den Sowjets bewusst geschnitten. Sie nahmen ihm einen fürchterlichen Fauxpas übel: In einem Interview mit der «Newsweek» vom Oktober 1986 hatte Kohl den Moskauer Shootingstar Gorbatschow mit Hitlers Propagandaminister Josef Goebbels gleichgesetzt. Kohl bedauerte dies bald.[2] Doch der politische Dialog stockte. Gorbatschow intensivierte die Kontakte zu Großbritannien, den USA und Italien, um den Deutschen eine Lektion zu erteilen.

Gorbatschows «Neues Denken» kam einer Revolution gleich: Als der sowjetische Generalsekretär im November 1986 vor seinen Verbündeten über eine Neugestaltung der gegenseitigen Beziehungen referierte, läutete er das Ende der Breschnew-Doktrin ein, die seit dem Prager Frühling von 1968 der Sowjetunion ein Interventionsrecht gegenüber ihren Satelliten vorbehalten hatte. Bei den ostdeutschen Genossen läuteten die Alarmglocken – denn das SED-Regime basierte auf der militärischen Garantie der Roten Armee.

Erich Honecker und die SED-Gerontokraten – das Durchschnittsalter im Politbüro betrug 63 Jahre – beäugten den jungen Mann im Kreml äußerst skeptisch. Insgeheim hofften sie auf seinen baldigen Sturz und beharrten auf der bisherigen Linie. Im gesamten Ostblock waren die Reaktionen auf Perestroika und Glasnost zwiespältig. Sämtliche osteuropäische Staatschefs waren erstens älter als Gorbatschow und zweitens schon lange an der Macht. Anders als Gorbatschow hatten sie also nicht die Möglichkeit, irgendwelche Vorgänger für die Fehlentwicklungen in der Vergangenheit verantwortlich zu machen. Für die «Ära der Stagnation», von welcher der Russe sprach, waren sie selbst haftbar. Immerhin: Ungarn und Polen versuchten, die neue Politik zu kopieren. Die Tschechoslowakei und Bulgarien wollten von ihr im Grunde nichts wissen, folgten jedoch dem großen Bruder zumindest zögerlich. Ganz anders die DDR: So halsstarrig wie die SED, die kein gutes Haar an der neuen Politik ließ, waren im gesamten Ostblock nur noch die Alt-Stalinisten in Rumänien.

Auf dem XI. Parteitag der SED Mitte April 1986 lautete die klare Botschaft: Perestroika und Glasnost – nein Danke! Wie sollte in der DDR eine solche Transparenz denn auch aussehen? Sollte man über die Verbrechen des Stalinismus diskutieren und offen über den Mauerbau reden? Die alte Riege der SED fürchtete um ihre Legitimation. Im Gegenzug schlug

Honecker nationalistische Töne an und warb für einen «Sozialismus in den Farben der DDR». Zu den heftigsten Kritikern des Russen gehörte der 75-jährige Chefideologe der SED, Kurt Hager. Als ihn die westdeutsche Illustrierte STERN im April 1987 zum Verhältnis DDR-UdSSR interviewte, hielt er der Sowjetführung wenig verhohlen vor, sie würde von der Lehre Lenins abfallen, während die SED dessen Erbe verteidige: «Würden Sie, nebenbei gesagt, wenn Ihr Nachbar seine Wohnung neu tapeziert, sich verpflichtet fühlen, ihre Wohnung ebenfalls neu zu tapezieren?» fragte er die Journalisten. Als wäre man nie der Sowjetunion gefolgt, verwies Hager auch darauf, dass man bereits im Aufruf der KPD vom 11. Juni 1945 habe lesen können: «Wir sind der Auffassung, dass der Weg, Deutschland das Sowjetsystem aufzuzwingen, falsch wäre, denn dieser Weg entspricht nicht den gegenwärtigen Entwicklungsbedingungen in Deutschland.»[3] All diese Bemerkungen waren nicht nur hochnäsig gegenüber dem Großen Bruder (und Honecker setzte in internen Gesprächen noch eins drauf: «Wir haben schon zur Sowjetunion gehalten, da lief man dort noch in Bastschuhen»[4]), sondern es war zudem auf die ostdeutsche Bevölkerung gemünzt: Diese sollte gar nicht erst auf die Idee kommen, mit dem charismatischen Sowjetführer zu liebäugeln. Doch je mehr die SED gegen Gorbatschow wetterte, desto stärker wuchs in der DDR die Sympathie für ihn.

Die gängige Meinung der SED-Machthaber entbehrte nicht an Logik. In Anbetracht ihrer systempolitisch-strategisch exponierten Lage als westlicher Vorposten des Sozialismus benötigte die DDR Ruhe und Stabilität. Eine Vergangenheitsbewältigung à la Gorbatschow war doch nur gefundenes Fressen für die westlichen Medien. Der mächtigste Mann im Sozialismus schien in ihren Augen der sozialistischen Weltbewegung Schaden zuzufügen. Andererseits ging in der SED-Führung die Angst um, dass die DDR ihre Brückenfunktion zum Westen einbüßen könnte, da sich das Verhältnis Gorbatschows zur westdeutschen Regierung in dem Maße verbesserte, wie sich das Verhältnis der SED zum Kremlchef verschlechterte. Musste man um die Existenz der DDR bangen? Wie blank die Nerven lagen, veranschaulicht folgender Vorfall: Am 10. September 1986 sagte der sowjetische Schriftsteller Jewgeni Jewtuschenko in der ZDF-Sendung «Kennzeichen D», nach seinem Dafürhalten gebe es keine westdeutsche Literatur und keine ostdeutsche Literatur und das deutsche Volk müsse in ferner Zukunft wiedervereinigt werden. Honecker fand daraufhin in einem Gespräch mit Gorbatschow deutliche Worte: «Eine solche Äußerung sei eine Provokation und richte sich gegen die DDR. Man solle diese Leute in Sibirien auftreten lassen, aber nicht in Westberlin.»[5]

Im Westen war man von diesem energischen, aber smarten und sympathischen Sowjetführer Michail Gorbatschow angetan, von seiner eleganten Frau Raissa nicht weniger. «Herrn Gorbatschows Freundlichkeit und Humor haben, zusammen mit dem Charme seiner Frau, den höchsten Eindruck auf die britische Presse gemacht», schrieb die Londoner «Times» am 17. Dezember 1986.[6] Gorbatschow besuchte in dieser Zeit britische Firmenchefs, die daraufhin sein Entgegenkommen lobten. Margaret Thatcher konnte ihre Bewunderung für den Russen, der ihr offenbar das Wasser reichen konnte, wie sie eingestand, nicht verhehlen und fasste sich in einem Fernsehinterview kurz: «Ich mag ihn. Wir können ins Geschäft kommen.»[7] In der westlichen Presse wurde der freundliche Kommunist als «Wunderkind» betitelt, «Ein roter Stern geht im Osten auf», hieß es hier und da.[8] Für das US-Nachrichtenmagazin «Time» war Michail Gorbatschow der Mann des Jahres 1988, die «Washington Post» glaubte in ihm einen «zweiten Messias» zu erkennen. Gorbatschow war Schauspieler und Überredungskünstler, sein Buch «Perestroika» wurde binnen eines Jahres über eine halbe Million Mal verkauft, 80 Prozent der Bundesdeutschen hatten eine positive Meinung von ihm, weit hinter ihm rangierte der US-amerikanische Präsident, der anlässlich seines Berlin-Besuches am 12. Juni 1987 über die Berliner Mauer gerufen hatte: «Mr. Gorbachev, tear down this wall!»[9] Gorbatschow selbst hatte beim Anblick des «antifaschistischen Schutzwalls» im Jahr davor eine solch verdrießliche Miene gemacht wie noch niemals ein Staatsgast in der DDR vor ihm. Das Monstrum behagte ihm ganz offensichtlich nicht, und in die Mikrophone der Journalisten, die am Brandenburger Tor standen, sagte er sibyllinisch und verschmitzt: «Gefahren warten auf jene, die nicht auf das Leben reagieren.»[10]

In dieser Lage sollen die greisen Machthaber in der DDR noch ruhig geschlafen haben? Honecker klagte, man müsse nun an «zwei Fronten» kämpfen. In den Beziehungen zwischen den beiden mächtigsten Männern des Ostblocks dominierten Höflichkeitsfloskeln, genauer gesagt: inhaltsleeres Geschwätz. Immer wieder betonte der Deutsche wie in Form einer Selbstbeschwörung «die unverbrüchliche Kampfgemeinschaft mit der KPdSU», worauf Gorbatschow sein Mantra von der «festen Freundschaft» sprach. Bisweilen setzte er Spitzen, so bei einem Besuch Honeckers in Moskau am 28. September 1988: «Dieses feste Bündnis mit dem ersten Arbeiter- und Bauern-Staat auf deutschem Boden», so vermerkt das Protokoll, «könne niemand erschüttern. Obwohl Fragen auftreten, solle man sich dadurch nicht verwirren lassen. Das Leben stelle ständig neue Fragen, mit denen man fertig werden müsse.»[11] Honecker, so lassen es die Moskauer Aufzeichnungen erkennen, war ein humorloser und starrsinniger alter Mann, der sich als Gralshüter der kommunistischen Weltbewegung verstand, und weil auf die Sowjets kein Verlass mehr war, hieß seine Devise: Am ostdeutschen Wesen soll der Kommunismus genesen. Mit Breschnew hatte sich der SED-Chef noch gut verstanden, beide liebten die großen Feierlichkeiten, Rituale, Prunk, Auszeichnungen und andere Attribute der Macht. Nicht allein hinter den Kulissen intrigierte Honecker jetzt gegen den neuen Kremlchef, der das alles nicht mehr zu schätzen schien und auch nur noch widerstrebend Bruderküsse gab, sondern er ging ihn frontal an, sobald er ihm direkt gegenüber saß. Dann bombardierte er seinen Genossen wie ein Oberlehrer mit Marx- und Leninzitaten; er, der Ältere und Erfahrenere sei schließlich auch dabei gewesen, als die Sowjetunion aufgebaut worden sei, da könne der Jüngere gar nicht mitreden. Von Alter, Temperament, Charakter und Vorstellungen weit auseinander liegend, fanden die beiden niemals zusammen. «Bald duzten wir einander», so Gorbatschow in seinen Erinnerungen, aber ein vertrautes Verhältnis sei nie aufgekommen, «Honecker war immer sehr angespannt und präsentierte sich sehr offiziell».[12] Gorbatschow schreibt auch, dass die Ostdeutschen keinesfalls die Marionetten gewesen seien, als die sie der Westen immer dargestellt habe. Am Ende jedoch hätten sie sich katholischer als der Papst geriert. Liest man in den Memoiren weiter, sieht man, wie Gorbatschow sich dennoch um ein gerechtes Urteil bemüht: «Meine persönliche Haltung zu Erich Honecker wie zu vielen anderen deutschen Kommunisten ist indessen noch von anderen Dingen geprägt – vor allem dadurch, dass sie sich um die Annäherung zweier Völker bemüht haben, die durch den Nationalsozialismus in einen blutigen Kampf verwickelt worden sind.»[13]

Gorbatschows vorsichtige Versuche, Honecker von der Notwendigkeit der Reformen auch im Hinblick auf die Lebensfähigkeit der DDR zu überzeugen, prallten ab, er stieß damit jedes Mal auf eine Mauer des Unverständnisses. Man konnte sich auch leicht ausmalen, warum: Wenn Gorbatschow die vergangenen Jahre des Stillstands kritisierte und damit einen Frontalangriff gegen die Amtsführung der Alten vor ihm fuhr, stand auch der seit 1971 amtierende Honecker ohne Deckung in der Schusslinie. Für ihn wäre Perestroika eine Reform gegen sich selbst gewesen, Glasnost eine Kritik gegen sich selbst. Im November 1988 geschah etwas Unerhörtes: Die sowjetische Zeitschrift «Sputnik» wurde von der DDR-Postzeitungsstelle gestrichen, was einem Verbot gleichkam, weil, so hieß es im «Neuen Deutschland», sie «keinen Beitrag (bringt), der der Festigung der deutschsowjetischen Freundschaft dient, stattdessen verzerrende Beiträge zur Geschichte».[14] Gleichzeitig wurden fünf geschichtskritische sowjetische Filme aus dem DDR-Kinoprogramm entfernt. Seit Gorbatschows Auftreten vermerkte das Ministerium für Staatssicherheit ein zunehmendes Interesse vieler Ostdeutscher an der russischen Sprache und Kultur – und zensierte Gorbatschows Reden. Auch der Unbedarfteste im Kreise der SED-Genossen konnte erkennen, dass die neue Lage so ernst war wie noch nie: Für sie stand der Feind im eigenen Lager.

Innerhalb der SED rumorte es, auch dort gab es einige Reformer, die Honeckers Rücktritt verlangten. Gorbatschow war unschlüssig, ob er der Einladung des ostdeutschen Staatschefs zur Feier des 40. Geburtstages der DDR am 7. Oktober 1989 folgen solle. Abzulehnen wäre einem Affront gleichgekommen. Hinzufahren jedoch konnte bedeuten, Stellung beziehen zu müssen und sich entgegen der Prinzipien des «Neuen Denkens» in die inneren Angelegenheiten der DDR hineinziehen zu lassen. Nach einigem Hin und Her entschied sich der Generalsekretär dazu, nach Ost-Berlin zu fahren. Valentin Falin, Leiter der internationalen Abteilung des ZK der KPdSU, erläuterte die Hintergründe: «Wenn er (Gorbatschow) nicht fliegt, dann wird der Sturz Honeckers noch früher geschehen, vielleicht sogar am Tage des 40-jährigen Jubiläums, weil das eine Demonstration wäre, dass Moskau der DDR die politische, psychologische Unterstützung entzieht. Zum Zweiten hatten wir Gorbatschow darauf aufmerksam gemacht, dass er alle seine Gespräche mit Honecker bisher unter vier Augen geführt hatte. Sie waren anderen Führern der DDR entweder nicht bekannt oder nur in der Fassung von Honecker. Deshalb sollte er als Vorbedingung für seine Reise nach Berlin machen, eine Gelegenheit zu bekommen, mit der ganzen Führung der Republik zusammenzukommen.»[15]

Am zweiten Tag seines Besuchs erhielt Gorbatschow diese Gelegenheit. Nach einem dreistündigen Vieraugengespräch

16 «Gorbi»-Plakat bei einer Demonstration in Leipzig, Oktober 1989.

mit Honecker, in dem dieser nicht «zu einer offenen Aussprache zu bewegen» war, vielmehr einen weiteren «ausführlichen Erfolgsbericht» vorbrachte,[16] sprach der Generalsekretär der KPdSU vor der gesamten SED-Führung. In diesem Zusammenhang fielen dann auch die berühmten Worte, dass, wer zurückbleibe, vom Leben bestraft werde. «Von der Sowjetunion lernen, heißt siegen lernen» und «Gorbi, Gorbi» skandierten derweil DDR-Oppositionsgruppen, denen er Hoffnungsträger war. Gorbatschow wollte die DDR nicht abschaffen oder die Sowjetunion zu Grunde richten, aber er stemmte sich nicht mit der Macht der Bajonette dagegen, als der Lauf der Dinge nicht mehr zu ändern war. Die Mauer, von der ihr Baumeister Honecker 1989 annahm, sie werde auch noch in hundert Jahren stehen, fiel, und die Ostdeutschen konnten die SED-Funktionäre aus den Ämtern verdrängen, weil die sowjetischen Soldaten der Roten Armee in den Kasernen blieben. An den grundlegenden Prinzipien des «Neuen Denkens» rüttelte Michail Gorbatschow nicht, für ihn galt die nationale Selbstbestimmung und die Nichteinmischung in die inneren Angelegenheiten. Es war das erste Mal seit vierzig Jahren, dass Moskau eine Rebellion in seinem Imperium nicht blutig niederschlug.

11. Weltereignis:
Mauerfall 1989

«Honecker macht einen schiefen Gesichtsausdruck, wenn wir ihn an die Mauer erinnern», bemerkte Gorbatschow gegenüber seinen deutschlandpolitischen Beratern einmal. Deswegen solle man eher taktisch mit ihm darüber sprechen, «über Prozesse, die unabwendbar sind».[1] Sechs Tage vor dem Fall der Berliner Mauer, am 3. November 1989, dachte man im Moskauer Politbüro darüber nach, ob man nicht selbst die Mauer abbauen sollte, bevor es andere tun. Es war Außenminister Eduard Schewardnadse, der diesen Vorschlag in die Runde warf, er fand damit aber nur wenig Widerhall bei seinen Genossen. Bereits im Januar 1989 hatte der sowjetische Außenminister Appelle zum Abriss der Mauer nur noch zaghaft zurückgewiesen; US-Außenminister George Schultz und sein britischer Kollege Sir Geoffrey Howe hatten auf einem KSZE-Folgetreffen in Wien gefordert, dass die Mauer – das Relikt des Kalten Krieges – im Rahmen eines europäischen Friedensprozesses fallen müsse.[2] Honecker reagierte deutlich verärgert auf diese Äußerungen und erklärte, dass der «antifaschistische Schutzwall» auch in «100 Jahren» noch bestehen würde.[3]

Der Mauerfall und die Endkrise des SED-Regimes hatten sich schon länger angekündigt, doch seit Juli 1989 kam eine regelrechte Lawine ins Rollen. Das morsche SED-Herrschaftssystem konnte erst zusammenbrechen, als die Unzufriedenheit der Menschen revolutionäre Ausmaße annahm. Überall im Ostblock gab es 1989 Wandel, Umgestaltung, Erneuerung – außer in der DDR, deren Führungsriege sich zum 40. Geburtstag des Staates am 7. Oktober 1989 rüstete und einigelte. Er sollte pompös gefeiert werden und der Welt vom Sieg des DDR-Sozialismus künden.[4] Aus Enttäuschung über ausbleibende Reformen in der DDR wuchs indessen der Ausreisedruck, seit Anfang des Jahres war die Entwicklung außer Kontrolle geraten. Die am 1. Januar 1989 in Kraft getretene neue Reiseverordnung veranlasste bis Ende September fast 161 000 DDR-Bürger, die ständige Ausreise aus dem zweiten deutschen Staat zu beantragen. Wie gewaltig diese Zahl war, zeigt ein Vergleich: Im gesamten Zeitraum von 16 Jahren zwischen 1972 und 1988 waren es nur rund 32 000 Anträge weniger gewesen als nun innerhalb von lediglich neun Monaten. Ausreiseanträge waren das eine, sich rasch vergrößernde Fluchtwellen das andere. Bis zum Herbst flohen zunächst einige Hundert, dann Tausende DDR-Bürger über die Botschaften der Bundesrepublik in Prag, Budapest und Warschau sowie über die im September geöffnete ungarisch-österreichische Grenze. Die erste Massenflucht fand am 19. August statt. 661 DDR-Bürger nutzten das «Paneuropäische Picknick» bei Sopron zur Flucht in den Westen; auf eigene Faust passierten im August rund 3000 Menschen die «grüne Grenze» zwischen Ungarn und Österreich. Ab dem 11. September erlaubte Ungarn den Deutschen aus der DDR die Ausreise in den Westen; bis Ende des Monats flohen ca. 30 000 Ostdeutsche. Damit suspendierte die ungarische Regierung einseitig alle Verträge mit der DDR, in denen entgegengesetzte Bestimmungen aufgeführt waren. Der «Eiserne Vorhang» hatte ein Loch; es war der Anfang von seinem Ende. Hilflos mussten die Propagandareaktionen der SED anmuten: Das Politbüro machte den «Imperialismus in der BRD» für die Fluchtwelle verantwortlich und beschuldigte den einstigen «Bruderstaat» Ungarn, sich vom Westen «kaufen» zu lassen; es sei ein «organisierter Menschenhandel»,

17 Ein Plakat bringt das Dilemma der SED-Führung auf den Punkt, November 1989.

der hier ablief. Solche Lügen ließen den Unmut in der DDR-Bevölkerung noch zusätzlich ansteigen.

Die Lösung des Problems sah die SED in «Ausschleusungsaktionen». Mit einer kontrollierten Massenausreise versuchte die Führung, der Ausreisewelle Herr zu werden. Die Flüchtlinge in der völlig überfüllten bundesdeutschen Botschaft in Prag durften ausreisen. Allerdings sollte dieser Ausreise der Anschein einer Ausweisung aus der DDR gegeben werden. Durch ihr Verhalten hätten jene DDR-Bürger in Prag die moralischen Werte mit Füßen getreten und sich selbst aus der Gesellschaft ausgegrenzt. Deshalb verlangte die SED-Führung, dass erstens die «Reise» in Zügen der Deutschen Reichsbahn zu erfolgen habe und diese zweitens über das Gebiet der DDR erfolgen müsse. Am Dresdner Hauptbahnhof versuchten am 4. Oktober mehrere Tausend Menschen auf die durchfahrenden Züge aufzuspringen. Weitere «Ausschleusungsaktionen» erfolgten in Warschau, wo die Menschen mit Sondermaschinen der polnischen Fluggesellschaft LOT in den Westen geflogen wurden.

Diese Fluchtwelle war nur die eine Dimension, die den SED-Staat existentiell bedrohte. Gleichzeitig war innerhalb der DDR die Opposition auf dem Vormarsch. Mit den Wahlfälschungen bei den Kommunalwahlen vom Mai 1989 hatte die SED das Spiel überreizt – die Oppositionsbewegungen agierten nun immer selbstbewusster. Demonstrationen für Meinungs-, Presse- und Versammlungsfreiheit häuften sich, zuerst vor allem in Leipzig und Ost-Berlin, bald in vielen weiteren Städten. Am 4. September, einem Montag, demonstrierten in Leipzig am Ende eines Friedensgebetes in der Nikolaikirche etwa 1200 Menschen für ihre Ausreise; zwei weitere Ausreise-Demonstrationen folgten an den beiden kommenden Montagen. Doch ab dem 25. September zeigte sich ein anderes Bild: Die bis zu 8000 Teilnehmer riefen auf den «Montagsdemonstrationen» Losungen wie «Wir bleiben hier» und traten damit offen für Reformen in der DDR ein; rasch schwoll die Zahl der Demonstranten in Leipzig auf 25 000. Anfang Juni hatte die DDR-Spitze die brutale und blutige Niederschlagung der chinesischen Demokratiebewegung auf dem «Platz des Himmlischen Friedens» in Peking begrüßt. Der Freiheitsprotest von einer Million junger Chinesen war dort von der kommunistischen Führung am 18. Mai 1989 in einem Blutbad erstickt worden. Bestünde die Gefahr, dass sich so etwas in der DDR wiederholen würde?

Während der Feierlichkeiten zum Staatsgeburtstag am 7. Oktober nahm die Staatssicherheit rund 3500 Menschen fest. Die SED sprach, wie immer in solchen Situationen seit dem 17. Juni 1953, von «Randalierern» und «kriminellen Elementen», die im Zusammenspiel mit den westlichen Medien die DDR unterhöhlen wollten. Die Furcht, die SED könne zu einer «chinesischen Lösung» greifen, um die anschwellende Demokratiebewegung zu Boden zu werfen und ihr ein gewaltsames Ende zu bereiten, war nicht irreal. Die demonstrierenden Menschen schwankten zwischen Entschlossenheit und angstvoller Unruhe. Doch am 9. Oktober trat die Wende ein. Volkspolizei, Staatssicherheit und NVA hatten sich bereits auf eine gewaltsame Auflösung der Montagsdemonstration vorbereitet. Der «Appell der Leipziger Bürger» – die Versicherung, alles für einen friedlichen Ablauf unternehmen zu wollen – sowie die Nachricht, dass die Moskauer Führung sich entschlossen habe, in der DDR nicht einzugreifen, verhinderte ein drohendes Blutvergießen in der Stadt. Dieser Gewaltverzicht machte die Wende unumkehrbar. 75 000 Menschen demonstrierten unter der Losung «Wir sind das Volk», am 16. Oktober gingen in der «Heldenstadt Leipzig» bis zu 120 000 Menschen auf die Straße. Die politische Emanzipationsbewegung machte auch vor anderen Städten nicht Halt: Ab Ende Oktober demonstrierten Zehntausende Bürgerinnen und Bürger in Ost-Berlin, Dresden, Plauen, Potsdam, Karl-Marx-Stadt, Erfurt, Rostock, Magdeburg, Stralsund, Schwerin, Zwickau und Halle sowie an zahlreichen kleineren Orten. Neugründungen von Oppositionsgruppen und Parteien strahlten überallhin aus. Das «Neue Forum» erlangte von Beginn an große Aufmerksamkeit, weil es in der Wohnung von Katja Havemann – der Witwe des 1982 gestorbenen Dissidenten Robert Havemann – gegründet wurde. Havemann hatte mit seinen systemkritischen Ideen eines «demokratischen Sozialismus» seit den 1970er Jahren den größten Einfluss darauf, dass sich in der DDR eine unabhängige Bürgerrechtsbewegung entwickelte. Er war unter Hausarrest gestellt worden und stand bis zu seinem Tode unter der Bewachung der Staatssicherheit. In kurzer Zeit bildeten sich im Frühherbst 1989 neue Parteien und demokratische Organisationen wie «Demokratie Jetzt», «Der Demokratische Aufbruch», die «Sozialdemokratische Partei der DDR». Die GRÜNEN sammelten sich um die Bürgerrechtlerin Vera Wollenberger; und die ehemaligen Blockparteien, vor allem die CDU und die LDPD, setzten sich von der SED ab. Der Schriftstellerverband und das Präsidium der Akademie der Künste in der DDR forderten einen öffentlichen demokratischen Dialog. Besonders die Evangelische Kirche in der DDR schuf Voraussetzungen für die «Wende»: Durch ihre strukturelle Selbstständigkeit wurde sie zum Schutzraum für oppositionelle Aktivitäten. Sie übernahm eine Stellvertreterrolle für die politisch entmündigten Bürger und nicht zuletzt prägte sie eine politische Kultur des Widerstands. Die Protestformen der Oktober-Revolution: Friedensgebete, Gesänge, Mahnwachen und Gewaltlosigkeitsappelle konnten ihre kirchliche Herkunft nicht verleugnen. Durch die Synodalarbeit in demokratischen Verfahrensfragen geschult, moderierten Kirchenvertreter die Verhandlungen an den neu eingerichteten «Runden Tischen». Die evangelische Kirche hat somit bei der demokratischen Umwandlung geholfen.

Am 18. Oktober wurde der starre Erich Honecker gestürzt – offiziell trat er «freiwillig» und aus «gesundheitlichen Gründen» zurück – und von Egon Krenz als Generalsekretär der SED abgelöst. Honecker war nicht bereit, sich auch nur einen Millimeter zu bewegen, hielt krampfhaft an seinem Lebenswerk fest, sperrte sich gegen jede Form der Veränderung und stand am Ende fast im gesamten Ostblock allein auf weiter Flur. Egon Krenz zeigte sich geschmeidiger, sprach von einer «Wende»; bisher war er verantwortlich für die Sicherheit, für Jugend und Kaderfragen im Zentralkomitee der SED gewesen, und seit längerem hatte er als Honeckers Kronprinz gegolten. Krenz versuchte, die schwindende Macht zu konsolidieren und das Vertrauen der Bevölkerung zu gewinnen. Er räumte gewisse Fehler der Staatsspitze ein, kündigte eine Amnestie für Bürger an, die in den Westen geflohen waren. Doch all diese Punkte aus dem «Aktionsprogramm für die Erneuerung» vom 3. November blieben wirkungslos. Am 4. November fand die größte Demonstration in der Geschichte der DDR in Ost-Berlin statt, Schätzungen reichen bis zu einer Million Menschen; auf vielen Plakaten prangten ironische Sprüche: «Visafrei bis Hawaii» oder «Wende statt Wände» oder «Rechtssicherheit ist die beste Staatssicherheit».[5] Die Wahl eines reformierten Politbüros am 8. November konnte nichts stabilisieren, vielmehr herrschte Konfusion, untrügliche An-

18 Die «Aktuelle Kamera» informiert am 9. November über die Pressekonferenz von Günther Schabowski.

zeichen des inneren Machtzerfalls. Am Tag darauf brach die DDR wie ein Kartenhaus zusammen.

«Der Fall der Mauer war weder vorgesehen noch vorhersehbar», so schreibt der beste Kenner der Abläufe um den Mauerfall, Hans-Hermann Hertle.[6] Auf einer Pressekonferenz, die live vom Fernsehen übertragen wurde und zunächst wie eigentlich immer langweilig war, referierte SED-Politbüro-Mitglied Günter Schabowski in den üblichen Worthülsen über Beschlüsse des Ministerrates. Plötzlich wurde der Vorgang ebenso sensationell wie skurril. Die Komik der Szene erschließt sich erst vollständig, wenn man die Fernsehbilder mit den verwirrten Gesichtern betrachtet; aber auch die genauen und deshalb grammatikalisch fehlerhaften Mitschriften zeigen gut, was in diesem Moment passierte. Hören wir hinein.[7] Als die Journalisten schon fast eingeschlafen waren, erhielt um 18.53 Uhr Riccardo Ehrmann, der Chefkorrespondent der italienischen Nachrichtenagentur ANSA, das

Mikrophon, um eine Frage zu stellen. «Frage: Herr Schabowski, Sie haben von Fehlern gesprochen. Glauben Sie nicht, dass es war ein großer Fehler, diesen Reisegesetzentwurf, das Sie jetzt haben vorgestellt vor wenigen Tagen? Schabowski: Nein, das glaube ich nicht (äh). Wir wissen um diese Tendenz in der Bevölkerung, um dieses Bedürfnis der Bevölkerung, zu reisen oder die DDR zu verlassen (...) Also, wir wollen durch eine Reihe von Umständen, dazu gehört auch das Reisegesetz, die Chance also der souveränen Entscheidung des Bürgers zu reisen, wohin er will. (Äh) Wir sind natürlich (äh) besorgt, dass also die Möglichkeit dieses Reisegesetzes – es ist ja immer noch nicht in Kraft, es ist ja ein Entwurf. Allerdings ist heute, soviel ich weiß, eine Entscheidung getroffen worden. Es ist eine Empfehlung des Politbüros aufgegriffen worden, dass man aus dem Entwurf des Reisegesetzes den Passus herausnimmt und in Kraft treten lässt, der stän ... – wie man so schön sagt oder so unschön sagt – die ständige Ausreise regelt, also das Verlassen der Republik. Weil wir es (äh) für einen unmöglichen Zustand halten, dass sich diese Bewegung vollzieht (äh) über einen befreundeten Staat (äh), was ja auch für diesen Staat nicht ganz einfach ist. Und deshalb (äh) haben wir uns dazu entschlossen, heut (äh) eine Regelung zu treffen, die es jedem Bürger der DDR möglich macht (äh), über Grenzübergangspunkte der DDR (äh) auszureisen.» Schabowski war ganz offensichtlich nicht oder nur ungenau informiert, was den Wirrwarr im Zentralkomitee der SED widerspiegelte und ihn nun in eine hoffnungslose Konfusion trieb; denn es kam noch schlimmer: «Frage: Ab wann tritt das in Kraft? Schabowski: Bitte? Frage: Ab sofort? Schabowski: (Kratzt sich am Kopf) Also, Genossen, mir ist das hier so mitgeteilt worden (setzt sich, während er weiter spricht, seine Brille auf, blättert in seinen Unterlagen, zieht ein Papier), dass eine solche Mitteilung heute schon (äh) verbreitet worden ist. Sie müsste eigentlich in Ihrem Besitz sein. Also (liest sehr schnell vom Blatt): ‹Privatreisen nach dem Ausland können ohne Vorliegen von Voraussetzungen –

19 Eine lange Kolonne von Wartburgs und Trabis bahnt sich am 10. November am Checkpoint Charlie den Weg nach Westen.

Reiseanlässe und Verwandtschaftsverhältnisse – beantragt werden. Die Genehmigungen werden kurzfristig erteilt. Die zuständigen Abteilungen Pass- und Meldewesen der VPKÄ – der Volkspolizeikreisämter – in der DDR sind angewiesen, Visa zur ständigen Ausreise unverzüglich zu erteilen, ohne dass dabei noch geltende Voraussetzungen für eine ständige Ausreise vorliegen müssen. (Äh) Ständige Ausreisen können über alle Grenzübergangsstellen der DDR zur BRD erfolgen. Damit entfällt die vorübergehend ermöglichte Erteilung von entsprechenden Genehmigungen in Auslandsvertretungen der DDR bzw. die ständige Ausreise mit dem Personalausweis der DDR über Drittstaaten.› (Blickt auf.) (Äh) Die Passfrage kann ich jetzt nicht beantworten. Das ist auch eine technische Frage. Ich weiß ja nicht, die Pässe müssen ja, ... also damit jeder im Besitz eines Passes ist, überhaupt erst einmal ausgegeben werden. Wir wollten aber ... (...) Frage: Wann tritt das in Kraft? Schabowski: (Blättert in seinen Papieren) Das tritt nach meiner Kenntnis ... ist das sofort, unverzüglich.»

20 Tanz auf der Mauer: Die «Nacht der Nächte» in Berlin.

Dann ging es im Tremolo noch kurz weiter, mit vielen Ähs, und um 19.54 Uhr endete diese Pressekonferenz, die Weltgeschichte schrieb. Fassungslosigkeit im Auditorium. Bedeutete das nicht die Maueröffnung? War man Zeuge einer Weltsensation? Diese Meldung löste eine Kettenreaktion aus. In Windeseile verbreiteten sich Gerüchte, die Grenzübergänge seien nicht mehr geschlossen. Westliche Medien berichteten, die DDR habe die Grenze geöffnet; eine Meldung jagte die nächste, die Medienspirale drehte sich immer schneller, bald waren Journalisten aus vielen Ländern live an den Grenzübergängen und bauten Kameras auf. Der Deutsche Bundestag in Bonn unterbrach eine laufende Beratung über das Vereinsförderungsgesetz und die oft noch verdatterten Abgeordneten stimmten vieltönig die deutsche Nationalhymne an. Tausende von Ost-Berlinern ihrerseits machten sich zu den Grenzübergängen auf und wollten mit eigenen Augen sehen, was sich abspielte, erproben, was möglich war. Es folgte für die Deutschen die Nacht der Nächte. Die Grenzwachen waren überrascht, ratlos, überfordert. Sie ließen zuerst nur DDR-Bürger mit Ausweisen passieren, die sie abstempelten und entwerteten, damit sie nicht wieder zurückkehren könnten – so lautete die Weisung. Doch der Ansturm der Menschen wurde so massiv, dass sie auf alle Formalitäten, schließlich auf jegliche Kontrolle verzichteten. «Wir fluten jetzt!» kündigte der leitende Offizier der Passkontrolle an der Bornholmer Straße am Prenzlauer Berg an. Die Schlagbäume gingen hoch, bis 24 Uhr wurden alle innerstädtischen Kontrollpunkte geöffnet. Die Menschen «tanzen auf der Mauer durch die Nacht», so hieß es in einem Lied der Gruppe «Rockhaus». Alles was geschah war unglaublich, ein Happening der Weltgeschichte. Gedränge, Tanzen, Szenen der Freude und der Ausgelassenheit, Ekstase, Volksfestatmosphäre mit Sekt, Feuerwerkskörpern und Wunderkerzen – und die Fernsehanstalten aus der gesamten Welt waren dabei.[8] Den Mauerfall, der im wörtlichen Sinne ja eigentlich erst in den Wochen nach dem 9. November geschah, konnten viele Ostdeutsche nur mit dem Wort «Wahnsinn» erfassen: «Was sich plötzlich ereignet hatte, war undenkbar, unfassbar, gleich einer Wahnvorstellung, als sei der Mond abgestürzt.»[9] 200 Jahre nach der Französischen Revolution geschah eine neue, eine friedliche Revolution, die das Gesicht der Welt, Europas und Deutschlands verändern sollte. Steht der Sturm auf die Bastille als mythische Chiffre für die Französische Revolution, so der Mauerfall für das Ende des Kalten Krieges. Beides hat mit dem Symbolwert der Architekturen zu tun: die Bastille war ein Staatsgefängnis und die Mauer bildete den Gefängnis-Charakter der DDR ab.

Mauerfall 1989 – und wieder war es ein 9. November, das in seiner Ambivalenz deutsche Schicksalsdatum: taggleich 1918 war die Republik gleich zweimal ausgerufen worden, morgens die sozialistische von Karl Liebknecht und nachmittags die liberal-demokratische von Philipp Scheidemann; taggleich 1923 hatte sich der Hitler-Putsch ereignet, taggleich 1938 die Reichspogromnacht.

139

21 Vergebliche Mühe: DDR-Grenzer schließen am 11. November ein Loch, das Jugendliche in die Berliner Mauer gestemmt haben.

Die Mauer war gefallen. Über das Wochenende besuchten etwa drei Millionen DDR-Bürger die Bundesrepublik und West-Berlin: überschwängliche Freudenbekundungen, kilometerlange Staus, fassungslos glückliche Menschen. Bis zur offiziellen, symbolträchtigen Öffnung des Brandenburger Tors am 22. Dezember verging noch einige Zeit. Doch der Mauerdurchbruch vom 9. November bedeutete weit mehr als nur die Öffnung einer Grenze – es war das Ende des SED-Regimes, denn mit dem Verlust der Kontrolle über die Grenze verlor das SED-Regime die Machtressource, mit der es ihm seit dem Mauerbau 1961 gelungen war, seine Anerkennung im Innern gegen den Willen der Bevölkerung zu erzwingen. Der SED-Staat konnte sein hässlichstes Bauwerk nur um eine kurze Frist überleben.

Am Ende muss man sich noch einmal verdeutlichen, dass der Fall der Mauer unverhofft kam, das überraschte Erstaunen war symptomatisch dafür. Wolf Biermann hatte Recht, als er im Rückblick aus dem Jahr 2001 sagte: «Dass dieses versteinerte und verstacheldrahtete Monster unsere Generation überleben würde, damit rechneten bis 1989 fast alle Dummen und alle Klugen in Ost und West, Freund und Feind gleichermaßen.»[10]

12. Verschwunden, nicht vergessen:
Was von der Mauer übrig blieb

Seit dem Mauerfall wandelte sich die Mauer: Einstmals war sie das Zeichen von Unterdrückung, seither transformierte sie sich zum Symbol für einen erfolgreichen und gewaltfreien Freiheitskampf. Sie steht zudem als wichtige Chiffre für das Scheitern und den Untergang des Kommunismus. Gleich nach dem 9. November 1989 setzte ein schwunghafter Handel mit Mauerstücken ein, ja die Mauer wurde zum größten Exportschlager der noch bestehenden DDR. Es kam zu einem Devotionalienhandel der Epochenwende. Die DDR-Außenhandelsfirma Limex-Bau Export-Import war mit der Mauervermarktung beauftragt, stellte Echtheitszertifikate aus und belieferte Galerien und Privatpersonen.[1] So sollte dem Treiben der Scharen von privaten «Mauerspechten» – eine grandiose Wortschöpfung – Einhalt geboten werden, die mit Hammer und Meißel das Bauwerk traktierten. Diesem wilden Ausverkauf der Mauer sollte ein Riegel vorgeschoben werden – schließlich war die Mauer Volkseigentum der DDR, und mit den Verkaufserlösen wollte man das dortige Gesundheitswesen sanieren.

Rasch waren 60 Tonnen «Parts of Berlin Wall» auf dem Seeweg nach Amerika, wo Radiostationen in Boston und Chicago «Brocken der Freiheit» anboten – 30 Dollar kostete ein Stück Weltgeschichte, ein Spottpreis.[2] Zahlreiche Deutsche aus dem Westen kauften für viele Tausend D-Mark komplette

22 Ein «Mauerspecht» bei der Arbeit, Juni 1990.

Mauersegmente – sei es, um sie in den eigenen Garten zu stellen und so den Nachbarn zu beeindrucken, sei es als «Wertanlage», denn wer wusste, wie viel für solche Teile in ein paar Jahren gezahlt würde. Die weltweite Nachfrage nach Teilen des innerdeutschen Sperrwalles stieg enorm an, selbst der Moskauer Künstlerverband wünschte sich ein Mauersegment für den Gorkipark.[3] Im Sommer 1990 versteigerte das berühmte Londoner Auktionshaus Sotheby's im mondänen Monte Carlo mehrere Dutzend Segmente, insgesamt hundert Meter Geschichte, für bis zu 30 000 D-Mark pro Stück, die Einnahmen betrugen zwei Millionen D-Mark.[4] Zu den Käufern gehörte die Enkelin von Winston Churchill, die sich offenbar daran erinnerte, dass ihr Großvater das Wort «Eiserner Vorhang» erfunden hatte, ein Familienmitglied der Cognac-Dynastie Hennessy und mehrere italienische Industrielle. Zur gleichen Zeit waren 300 000 insbesondere junge

143

Menschen live dabei, als die legendäre britische Rockgruppe «Pink Floyd» mit ihrem Zeremonienmeister Roger Waters nördlich des Potsdamer Platzes die bombastische, zwölf Millionen D-Mark teuere Inszenierung «The Wall – Berlin 1990» aufführte. Man schätzte, dass eine Milliarde Menschen das Spektakel an ihren Fernsehschirmen verfolgten, vermutlich war Berlin damals die bekannteste Stadt auf der ganzen Welt.

Dies sollte so bleiben, weshalb der Berliner Senat als Ehrengeschenke Mauerreste rund um die Welt verteilte. Selbstverständlich erhielten die früheren US-Präsidenten Ronald Reagan und George W. Bush. sen. jeweils ein komplettes Segment. Ob sie damit glücklich wurden, darf bezweifelt werden, denn bald schon schlugen amerikanische Wissenschaftler Alarm: Aufgrund der hohen Asbestkonzentration der Mauer handele es sich um ein gefährliches Souvenir.[5] Die Vermarktung der Mauer glich zudem einem Wettlauf mit der Zeit, denn mithilfe von Mauerbrechanlagen wurden die Grenzanlagen an vielen Stellen in sekundenschnelle maschinell zertrümmert und zu 65 Millimeter großen, güteüberwachten Bröckchen recycelt, die als Untergrundmaterial für den Straßenbau bestens geeignet waren. So liegt die Mauer – gleichsam als letzter Triumph über den Willen Ulbrichts und Honeckers – als Splitt unter dem Fahrbahnnetz zwischen den alten und den neuen Bundesländern.

Über 95 Prozent der ehemaligen Mauer wurden beim Abbau zerstört, nur einige hundert Mauersegmente sind komplett erhalten, in Berlin stehen an verschiedenen Orten insgesamt 1,5 Kilometer Mauer. Doch die Mauerreste ruhen heute rund um den Globus. Die Mehrzahl davon gibt es in Europa, in Deutschland, Frankreich, Italien und Spanien; vor dem EU-Parlament in Straßburg steht ein Teil, im Londoner Imperial War Museum ebenso, natürlich im Haus der Geschichte der Bundesrepublik Deutschland in Bonn und auch am Deutschen Eck in Koblenz, nicht zuletzt jedoch in der Provinz, etwa im DDR-Museum in Pforzheim. Dänemark, Lettland und Polen haben Segmente, Letzteres steht im Soli-

23 Verstreut in alle Welt: Teilstück der Berliner Mauer, das zum 10. Jahrestag des Mauerfalls in der Altstadt von Wroclaw (Breslau) aufgestellt wurde.

darność-Museum in Danzig. In den vatikanischen Gärten der päpstlichen Residenz in Rom befindet sich ein Stück, auf dem das verstörende Graffiti «RAF» zu lesen ist. Sehr viele Mauerstücke kann man in verschiedenen Museen und Institutionen der USA bestaunen, im General George Patton Museum bei Fort Knox etwa oder im CIA-Hauptquartier in Langley oder in New York auf dem Museumsschiff «USS Intrepid», vor allem jedoch bei privaten Einrichtungen. In Las Vegas im «Main Street Station Hotel and Casino» hat man ein Stück Mauer im Herrenklo aufgestellt und Urinale daran befestigt. In Guatemala, in Südafrika, in Israel, in Australien, Indonesien und Südkorea – dort am «Berliner Platz» und als Menetekel des Untergangs an der Grenze zum kommunistischen Nordkorea – stehen Teile des Bauwerks, und auf der japanischen Insel Miyako-Jima befinden sich gleich zwei Stücke Berliner Mauer in einem Kindergarten; dort gibt es außerdem eine «Gerhard-Schröder-Straße» und den Nachbau einer mittelalterlichen deutschen Burg; seitdem 1873 auf dem Eiland ein deutsches Handelsschiff gestrandet war, pflegt man deutsches Kulturgut.[6]

Japanische Mauer-Schokoladentorten, eine italienische Plastikmauer am überfüllten Sandstrand von Rimini, Schallplatten und Videokassetten mit Mauersteinbeilagen, Münzprägungen, Werbeanzeigen und so weiter und so fort, kurz: Kitsch und Kunst reichen sich die Hände, es kommt zu einer Symbolverwertung wie es beispielsweise auch der Pariser Bastille nach der Französischen Revolution 1789 widerfahren ist.

In Berlin selbst jedoch war die Mauer weitgehend weg. Hilflose, enttäuschte Berlin-Touristen fragten bald, wo sie denn noch das berühmteste Bauwerk des Kalten Krieges sehen konnten. Stadtpläne und Reiseführer «Wo die Mauer war» oder «Die Mauer entlang. Auf den Spuren einer verschwundenen Grenze» waren nur ein fader Ersatz, verkauften sich aber gut. Denkmalschutzbehörden konnten mit der Abrissgeschwindigkeit nicht Schritt halten; wann immer ein Abschnitt Mauer unter Denkmalschutz gestellt wurde, war er bereits vor der Beschlussfassung abgerissen worden. Deshalb sind heute nur noch ganz wenige Mauerreste erhalten – das gewaltige Sperrwerk hat auf den ersten Blick vergleichsweise geringe Spuren in der gesamtdeutschen Erinnerungslandschaft hinterlassen. Schaut man genauer hin, dann ergibt die Spurensuche entlang der 1400 Kilometer langen innerdeutschen Grenzlinie fast 300 Denkmäler und Erinnerungsorte – doch wer kennt sie? Solche ganz materiellen Orte wie Kreuze, Kapellen, Findlinge, Lehrpfade, Kunstobjekte, Grenzanlagen und Aussichtstürme verweisen auf die deutsche Teilung und ihre glückliche Überwindung. Das Problem einer gesamtdeutschen Erinnerungskultur ist indessen leicht zu erfassen: Vom Westen aus konnte man während der Epoche der Teilung die Grenze anschauen, doch vom Osten her war sie dem öffentlichen Blick weitgehend entzogen. Deshalb steht der Masse an Bildern aus dem Westen ein Mangel an Anschauung aus dem Osten gegenüber. Folge davon sind «geteilte» Ansichten und zwar im Sinne von «getrennten» und eben nicht «gemeinsamen» Ansichten.[7] Ostdeutsche Perspektiven in der Erinnerungskultur fehlen daher heutzutage oftmals, wohingegen die nach 1989 errichteten Denk- und Mahnmale sowie religiöse oder künstlerische Angebote des Erinnerns im Wesentlichen christliche oder national-konservative Deutungen des einst geteilten und seit 1990 wiedervereinigten Landes bereitstellen.

An die Maueropfer erinnert das vom Berliner Aktionskünstler Ben Wargin gestaltete «Parlament der Bäume» am Spreebogen gegenüber dem Reichstag. Das Mauermuseum am ehemaligen «Vorposten der freien Welt», am Checkpoint Charlie – dessen Wachhaus sich heute wiederum im Berliner Alliierten Museum befindet –, existiert seit 1963 und hatte bis 1985 bereits sieben Millionen Besucher verzeichnen können. Seit dem Mauerfall ist der Andrang auf das Museum und das millionenfach verkaufte fünfsprachige Begleitbuch noch größer, vermutlich ist es das am meisten besuchte Museum in Berlin überhaupt. Hier sieht man dramatische Bilder und Originalobjekte gelungener Fluchten über die Mauer, die einen erschaudern lassen – am Ausgang aber, welch ein Kontrast, können «Souvenirs für Freunde und Sammler» in Form grässlichsten Mauer-Nippes jeglicher Art erworben werden, bis in zu verschiedenen Schokoladensorten – das Monstrum wird banalisiert. Die rote Diktatur in ihrer ganzen Brutalität vermittelt hingegen die Gedenkstätte Berlin-Hohenschönhausen, wo die 44-jährige Geschichte politischer Verfolgung und Repression in der SBZ und der DDR dokumentiert wird. Darüber hinaus ist die «Gedenkstätte

147

Berliner Mauer» an der Bernauer Straße entstanden, dort, wo sich 1961 dramatische Fluchtszenen abspielten und wo die evangelische Versöhnungskirche stand, die das SED-Regime 1985 sprengen ließ. Die Gedenkstätte umfasst das Denkmal zur Erinnerung an die Teilung der Stadt und die Opfer kommunistischer Gewaltherrschaft, die Kapelle der Versöhnung und ein Dokumentationszentrum; bis 2011 soll eine mehr als 40 000 Quadratmeter umfassende Open-Air-Ausstellung fertig gestellt sein. Von der Wettbewerbsauslobung 1994 bis zur vollständigen Eröffnung der Gedenkstätte 1999 gab es heftige Kontroversen. Die verhasste Mauer unter Denkmalschutz zu stellen – dies schien vielen Berlinern makaber, und so kollidierte wie so oft das Bemühen um Vergegenwärtigung der Geschichte mit dem Bedürfnis, einen Schlussstrich zu ziehen.[8]

Unter einem Schlussstrich hätten insbesondere die Opfer der Diktatur zu leiden. Es ist jedoch eine der vornehmsten Pflichten postdiktatorischer Gesellschaften, sich um die Opfer zu kümmern, die Täter zu bestrafen und die Geschichte des Unrechts aufzuarbeiten. Der Deutsche Bundestag setzte im Frühjahr 1992 eine Enquete-Kommission «Aufarbeitung von Geschichte und Folgen der SED-Diktatur in Deutschland» ein, die zu gleichen Teilen aus Abgeordneten aller Fraktionen und Sachverständigen bestand und innerhalb von zwei Jahren unter Mitwirkung von Fachwissenschaftlern und Zeitzeugen auf über 15 000 veröffentlichten Seiten nahezu alle Aspekte der SED-Diktatur durchleuchtete. Entstanden ist so ein Dokument von hohem historischem Rang. Die Kommission hat Forschungen auf den Weg gebracht, Betroffene zum Reden ermutigt, öffentliche Debatten angestoßen und die Grundlagen für eine Nachfolgekommission gelegt, die sich seit Mitte 1995 mit der Überwindung der SED-Diktatur im vereinigten Deutschland beschäftigte. Am 5. Juni 1998 wurde durch Bundestagsbeschluss die «Stiftung zur Aufarbeitung der SED-Diktatur» gegründet, die unzählige wissenschaftliche Projekte fördert und daneben auch Opfer der Diktatur betreut. Beides, die Enquete-Kommissionen sowie die Stiftung Aufarbeitung, sind beispiellos nicht nur in der deutschen Geschichte.

Grundsätzlich betrachtet gibt es acht Ziele und neun Wege für die Aufarbeitung einer diktatorischen Vergangenheit. Die Ziele können sein: 1. Wahrheit, 2. Gerechtigkeit, 3. Anerkennung von Verantwortung und Schuld, 4. Verhinderung erneuter Menschenrechtsverletzungen, 5. Konsolidierung demokratischer Verhältnisse, 6. Heilung, verstanden im psychologischen, individuellen Sinn, 7. Reinigung, also eine gesellschaftliche Katharsis, und 8. Versöhnung. Neun Wege können zu diesen Zielen führen: 1. Säuberungen, wie etwa Entnazifizierungen oder «Entstasifizierung», 2. Wahrheitskommissionen, 3. Öffnung der Archive, 4. Kriminalisierung der Leugnung von Verbrechen, 5. Gedenk- und Erinnerungsarbeit in Museen und Gedenkstätten, 6. Symbolische Versöhnungsakte, 7. Entschädigungen und Reparationen, 8. Behebung struktureller Missstände, die aus der überwundenen Diktatur herrühren – und schließlich 9. Gerichtsverfahren. Wie ist die bundesdeutsche Justiz mit den Toten an der Berliner Mauer und der innerdeutschen Grenze umgegangen? Die Serie der Gerichtsverfahren begann 1990 mit den «Mauerschützenprozessen», d. h. den Verfahren gegen die Grenzsoldaten, die unmittelbar als Befehlsempfänger agiert hatten. Schnell grassierte das Sprichwort «Die Kleinen hängt man, die Großen lässt man laufen».

Jede justizielle Aufarbeitung von Systemunrecht sieht sich mit gravierenden Problemen konfrontiert.[9] Aufgabe eines Strafrichters in einem demokratischen Rechtsstaat ist es, die empirischen Sachverhalte zu prüfen, die normativen, vom Gesetzgeber formulierten Tatbestände zu interpretieren und auf diese Weise die Schuld der Angeklagten zu beurteilen. Dabei steht diesen allen gleichermaßen das Recht zu, dass das Gericht ihren Fall individuell behandelt, ihr subjektives Wissen und Wollen um die Verwirklichung der Tat abwägt. Stereotypisierungen widersprechen einem rechtsstaatlichen Verfahren. Man wird sie daher in Urteilstexten auch nicht ausformuliert finden. Gleichzeitig aber leben Richter nicht außerhalb der Gesellschaft, in der Annahmen über Verbrechen und Verbrecher in Umlauf sind, von sehr vielen Menschen geteilt werden und so ihre Wirkungsmacht entfalten. Das betrifft etwa Annahmen über den sozialen Status der Täter, ist er hoch oder niedrig, oder Annahmen über generationsspezifische oder geschlechterspezifische Typisierungen. Fast fünfzehn Jahre wurde vor deutschen Gerichten über die Mauertoten und den Schießbefehl verhandelt, und wie kompliziert die Materie war, kann an dieser Stelle nur angedeutet werden.[10]

Konnte den DDR-Grenzsoldaten überhaupt entgehen, dass die Schüsse an der Mauer gegen die Menschlichkeit verstießen? Welches Recht galt zur Tatzeit? Haben sich die Grenzsoldaten gar nicht strafbar gemacht, weil sich die Taten durch §27 des DDR-Grenzgesetzes rechtfertigen ließen? Oder kann dies deshalb nicht zutreffen, da §27 gegen ein höherrangiges Gesetz der DDR verstoßen hat? Mit der Verfassung des SED-Staates stand das Grenzgesetz zwar in Einklang, nicht jedoch mit dem Völkerrecht, dessen Bestandteil auch der Internationale Pakt über bürgerliche und politische Rechte (IPBPR) ist; dort heißt es in Artikel 12: «Jedermann steht es frei, jedes Land einschließlich seines eigenen zu verlassen.» Die Allgemeinen Menschenrechte und der IPBPR stellen die gemeinsamen Rechtsüberzeugungen aller in der UNO vertretenen Völker dar – und die DDR gehörte der UNO seit September 1973 an.

Weiterhin: Darf man den Rechtsbegriff moralisch begrenzen – oder muss der Rechtspositivismus uneingeschränkt gelten? Besteht also, anders ausgedrückt, ein Konflikt zwischen Gerechtigkeit und Rechtssicherheit? Muss man – dies ist die so genannte «Radbruchsche Formel» – in Ausnahmefällen, in denen das Recht der Gerechtigkeit in einem extrem unerträglichen Maß widerspricht, der Gerechtigkeit und der Moral den Vorrang gegenüber dem positiven Recht geben?

Dies wurde nach 1945 besonders mit Blick auf die Gewaltverbrechen des Nationalsozialismus diskutiert. In den Mauerschützenprozessen entstand die Debatte neu: Kann die Tatsache, dass Menschen getötet wurden, weil sie sich eines Staates entziehen wollten, der sie zu einem Leben zwang, das sie nicht wollten, als ein solches extremes Unrecht betrachtet werden?

Verstößt aber wiederum diese so hoch veranschlagte Moral nicht gegen das «Rückwirkungsverbot» nach Artikel 103, Absatz 2 des Grundgesetzes, in dem es heißt: «Eine Tat kann nur bestraft werden, wenn die Strafbarkeit gesetzlich bestimmt war, bevor die Tat begangen wurde.» Man erschaudert: Wäre dies nicht der perfekte Mord – erst strafloses Töten in der Diktatur und anschließend die Schutzsuche im Rückwirkungsverbot des Rechtsstaates? Bedacht werden musste auch das Unrechtsbewusstsein der «Mauerschützen», das durch zahlreiche Faktoren beeinträchtigt war. Dazu zählen die Ausbildung der Grenzsoldaten und ihre politische Indoktrination, die rechtliche Regelung des Grenzregimes sowie die Belobigungen nach erfolgreich verhinderten «Grenzverletzungen». Befanden sich die zur Tatzeit zumeist jungen Angeklagten mithin in einem «Verbotsirrtum», fehlte ihnen die Einsicht, dass das, was sie taten, Unrecht war? Straffrei wäre dies allerdings nur dann, wenn ein Verbotsirrtum nicht hätte vermieden werden können.

Alle diese Probleme hinterlassen am Ende deshalb einen so üblen Nachgeschmack, weil sie sich ausschließlich mit den Tätern und kaum mit den Opfern befassen. Bei den Prozessen fiel in nahezu skandalöser Art und Weise auf, dass die Hinterbliebenen, die Väter und Mütter, die Ehepartner und Freunde der Getöteten, kaum Aufmerksamkeit fanden und oftmals nicht eine angemessene anwaltliche Betreuung als Nebenkläger besaßen. Ganz anders die Angeklagten, die von Deutschlands besten Kanzleien vertreten wurden und im Rampenlicht standen, etwa vom Münchner Prominentenanwalt Rolf Bossi, der forderte, die Verfahren auszusetzen.[11]

Auch wurde über die «Helden» kaum gesprochen – also jene Grenzsoldaten, die sich weigerten, auf wehrlose Menschen zu schießen und sich in einem individuellen Akt der moralischen Zumutung der Diktatur entzogen.

Seit 2005 sind sämtliche einschlägigen Ermittlungs- wie auch die gerichtlichen Verfahren erledigt; die Strafverfolgung von DDR-Unrecht ist abgeschlossen. Eine Bilanz der justiziellen Vergangenheitsbewältigung muss sehr gemischt ausfallen. Der Bundesgerichtshof (BGH) stellte fest, dass sich sowohl die Schützen wie auch die Mitglieder des Politbüros des Zentralkomitees der SED wegen der Todesschüsse strafbar gemacht hatten; es habe eine ununterbrochene Verantwortlichkeitskette vom Politbüro bis zum Schützen bestanden. Der BGH nahm dabei die DDR-Verfassung und die von der DDR anerkannten internationalen Menschenrechtsvereinbarungen beim Wort. Demnach waren die Persönlichkeit und Freiheit eines jeden DDR-Bürgers unantastbar, und die SED-Führung sei persönlich zum Schutz von Leben und körperlicher Unversehrtheit verpflichtet gewesen. Die Sanktionen der Gerichte, meist Bewährungsstrafen, waren indessen überaus maßvoll. «Das Unrecht», so ein Experte, «ist überwiegend nur noch beurkundet, nicht aber geahndet worden.»[12]
Die Gesamtzahl der nach der deutschen Vereinigung wegen DDR-Unrechts (ohne Spionage) eingeleiteten Ermittlungsverfahren lässt sich nur schätzen, man geht von bis zu 100 000 aus. Bezogen auf diese Zahl wurde etwa jeder 133ste verurteilt; üblicherweise liegt die Verurteilungsquote in Deutschland bei rund 20 Prozent, also bei jedem 5ten. Die zahlenmäßig größte Deliktgruppe waren die Gewalttaten an der deutsch-deutschen Grenze. Hierzu gab es insgesamt 244 Verfahren, das entspricht 24 Prozent aller Verfahren (nur bei «Rechtsbeugung» gab es geringfügig mehr Verfahren). Insgesamt wurden 466 Personen angeschuldigt, 385 davon wurden abgeurteilt, bei 110 lautete das Urteil Freispruch, 275 wurden rechtskräftig verurteilt. Bei der Strafzumessung unterschieden die Gerichte nach der Hierarchie: Für die Grenz-

posten und deren Vergatterer – jenen, die den einfachen Soldaten vor dem Streifeneinsatz an der Mauer die Regeln des Grenzregimes noch einmal einschärften – kam es in der Regel zu Bewährungsstrafen zwischen sechs Monaten und zwei Jahren. Die Strafzumessung stieg dann kontinuierlich für Regimentskommandeure, Chefs von Grenzkommandos und so fort bis hin zu den Mitgliedern des Politbüros. Insgesamt lediglich 20 Befehlsgeber der Grenzschützen erhielten Freiheitsstrafen ohne Bewährung und wurden wegen Totschlags, nicht wegen Mordes, verurteilt: Verteidigungsminister Heinz Kessler zu siebeneinhalb Jahren, der letzte Partei- und Staatschef Egon Krenz zu sechseinhalb Jahren, ebenso der frühere Chef der DDR-Grenztruppen, Klaus-Dieter Baumgarten. Sie alle wurden vorzeitig entlassen. Außer Krenz wurden im Politbüro-Prozess der ostberliner SED-Chef und unfreiwillige Maueröffner Günter Schabowski und der SED-Wirtschaftsexperte Günther Kleiber zu dreijährigen Gefängnisstrafen verurteilt. Zuvor waren gegen die Mitglieder des «Nationalen Verteidigungsrates» Haftstrafen ausgesprochen worden: außer Kessler gegen seinen Vize Fritz Streletz und den früheren SED-Chef von Suhl, Hans Albrecht. Gegen viele Angeklagte wurden die Verfahren wegen Krankheit eingestellt, der bekannteste Fall ist Erich Honecker, dem eine Ausreise nach Chile ermöglicht wurde. Besonders erbärmlich war, wie Egon Krenz vor dem Europäischen Gerichtshof Beschwerde gegen seine Verurteilung einlegte und behauptete, die Toten an der Mauer seien nicht dem SED-Regime anzulasten; Krenz bezeichnete sie als Opfer des Kalten Krieges. Der Unverbesserliche wollte damit seine persönliche Schuld und die der Sicherheitsorgane bagatellisieren und die Verantwortung einem globalen Konflikt zuschieben.

In Berlin war die reale Mauer zwar weitgehend verschwunden, doch es existierte weiter eine auf den ersten Blick unsichtbare Grenze. In den Bezirken des ehemaligen Ost-Berlin las man andere Zeitungen und wählte anders als im Westen, selbst eine Heiratsgrenze bestand. Der Beton war fort, aber die Mauern waren geblieben, man sprach von den «Mauern in den Köpfen». Die Deutschen, die sich beim Mauerfall in den Armen lagen, lagen sich wenige Jahre später in den Haaren. Denn die Entfremdung durch eine 40-jährige getrennte Geschichte war vielfach größer, als man es sich im freudigen Taumel der Einheit eingestanden hatte. Die Lebensläufe der Deutschen waren vom 13. August 1961 gelenkt, und nach wenigen Jahren Schwindel erregenden Umbruchs war vielen Ostdeutschen jene Zeit der Diktatur so fern, dass die Vergangenheit manchem bereits wieder in (viel zu) mildem Licht erschien. Im Osten herrschte posttotalitäre Melancholie, die «Ostalgie»; und im Westen verstärkte sich ein altbundesrepublikanischer Patriotismus.[13]

Die Gesellschaft für deutsche Sprache veröffentlicht jedes Jahr eine Liste mit den «Unwörtern des Jahres», in denen sich die kollektive Gemütslage der Deutschen widerspiegeln soll. Nimmt man die Jahre seit 1989 in den Blick, so zeigt sich rasch ein Wandel: weg von der ungetrübten Wendeeuphorie und hin zu einer tristen Stimmung. Waren es unmittelbar nach der Wende durchgängig positiv besetzte Wörter wie «Reisefreiheit», «Montagsdemonstrationen» oder «Begrüßungsgeld», welche die Liste anführten, so 1991 bereits die Reizwörter «Besserwessi» oder «Wohlstandsmauer», und 1994 tauchte immerhin auf Platz 4 «Buschzulage» auf – steuerfreie Gehaltszuschläge für westdeutsche Beamte, die in der neudeutschen «Kolonie» Ostdeutschland arbeiteten.[14] Zum Schutz gegen die «westliche Besetzung» der ehemaligen DDR wollte ein «Mauer-Komitee» die Sperrgrenze wieder errichten, eine Skurrilität.[15]

Weniger skurril, vielmehr bedenklich ist die neue Ahnungslosigkeit. Zwanzig Jahre nach dem Mauerfall scheint es um das Geschichtsbewusstsein vieler junger Deutscher nicht gut bestellt. Vor allem bei ostdeutschen Schülern offenbaren sich fehlendes Sachwissen, haarsträubende Klischeebilder und sozialromantische Traumwelten. Weit verbreitet ist die Vorstellung, die DDR sei ein ärmliches, kleines, irgend-

24 Aus dem Stadtbild weitgehend verschwunden: Nur noch ein in den Straßenbelag eingelassenes Kupferband erinnert in Berlin an den Verlauf der Mauer.

wie skurriles und witziges Land gewesen, eine Art Hobbit-Staat, wohingegen der Menschen verachtende Diktaturcharakter, die Toten an der Mauer, die zerstörten Biographien kaum Erwähnung finden und der Stasi ein «James-Bond-Image» anhaftet. Verantwortlich dafür dürften mehrere Dinge sein: Die unsägliche, auch trotzige Ostalgie der frühen 90er Jahre mit Fernsehshows wie «Ein Kessel DDR», die nach wie vor bestehende Systemverhaftung vieler Elternmilieus, die DDR-freundliche Orientierung vieler ehemaliger DDR-Lehrer sowie die populistische Geschichtspolitik der PDS/Die Linke, die Minderheitskomplexe und antiwestliche Ressentiments erst schürt, um sie dann politisch genüsslich auszunutzen. Teilweise wird von dieser Seite auch die Mauer nachträglich noch zu rechtfertigen versucht, was besonders unerträglich erscheinen muss.[16]

«Berliner Mauer» ist außerdem zu einem stehenden Begriff auf unterschiedlichen Feldern geworden. Wenn in der Ersten Fußballbundesliga die Hertha aus Berlin spielt und gewinnt, so scheitern die Gegner das eine um das andere Mal «an der Berliner Mauer», wie die Kommentatorenstimmen zu einer kompakten Abwehr lauten.[17] Und als Mitte 2007 die USA einen Raketenschild in Zentraleuropa errichten wollten, warf ihnen ausgerechnet Russland vor, damit «eine neue Berliner Mauer» zu bauen.[18]

Zwanzig Jahre nach der Wiedervereinigung ist auch die Nahtstelle des Kalten Krieges wieder im Gespräch: Wo früher der Todesstreifen der 1393 Kilometer langen innerdeutschen Grenze war, hoffen Naturschützer nun auf ein «ökologisches Rückgrat» Deutschlands. Das spektakuläre Projekt trägt den Namen «Grünes Band». Worum geht es? Nach der deutschen Einheit wurden auf der östlichen Seite der ehemaligen Grenze mehr als eine Million Minen geborgen; auf der westlichen Seite hatten sich allerdings Tiere und Pflanzen seit Jahrzehnten neue Lebensräume erobert. So ist der Grenzverlauf, der einst die Bundesrepublik von der DDR trennte, als Biotopen-Kette in Mitteleuropa einzigartig. Zwischen der Ostsee und dem Vogtland durchzieht Deutschland ein durchschnittlich 80 Meter breiter Streifen, in dem Fachleute mehr als hundert verschiedene Biotopen-Typen identifiziert haben – während andernorts Arten aussterben, weil deren Lebensräume durch die Zersiedlung der Landschaft zu Inseln schrumpfen. Hier aber, am ehemaligen Todesstreifen: Altgrasflure, Halbtrockenrasen, Auen und Sümpfe. Es siedeln Braunkehlchen und Schwarzstorch, in den Buchenwäldern blüht der Türkenbund, und auf feuchten Wiesen wachsen Orchideen.[19]

Zurück zur Mauer. Der Berliner Senat hat im Jahr 2006 ein Gesamtkonzept zum weiteren erinnerungspolitischen

Umgang mit der Mauer beschlossen, das bis 2011 in Zusammenarbeit mit dem Kulturstaatsminister des Bundes umgesetzt werden soll. Ist die Mauer, so wird zu diskutieren und zu streiten sein, eines der wichtigsten Geschichtsdenkmale des 20. Jahrhunderts? Sollte man ihren Überresten sogar einen Platz auf der Liste des Weltkulturerbes reservieren?

Seit Mai 2008 können sich Interessierte an mehreren Stellen der deutschen Hauptstadt den offiziellen Berliner «Mauerguide. Walk the Wall» ausleihen, der eine GPS-gesteuerte Führung entlang der ehemaligen Mauer ermöglicht. Er erleichtert, so heißt es in der Werbung, «die geschichtliche und geographische Spurensuche und ist ein idealer Begleiter für Jung und Alt, für Berlin-Bewohner und Neuzugezogene sowie für Berlin-Besucher mit oder auch ohne Vorkenntnisse». Anhand von fünf bedeutenden Stationen des Mauerverlaufs mit insgesamt 22 Gedenkorten und 105 Kommentaren und multimedialen Aufbereitungen soll er «leicht verständliche, packende und zugleich seriöse Hintergrundinformationen zum Thema Berliner Mauer» für Fußgänger und Fahrradfahrer bieten.[20]

Ob derartige Handreichungen auch auf das Interesse heutiger Mauerbauer stoßen werden? In einigen Teilen der Welt scheint die Berliner Mauer ein architektonisches Vorbild zu sein, um Menschen in ihrer Bewegungsfreiheit einzuschränken. Blicken wir deshalb abschließend auf die Mauern in der Welt von heute.

Schluss

Mauern in der Welt von heute

Mauern sind in der Weltgeschichte immer schon gebaut worden. Vor nahezu zweitausend Jahren sollten der Hadrianswall in England und der Limes an Rhein und Donau die römische Zivilisation von den Barbaren abschirmen. Burgherren schützten ihre Schlösser mit Mauern, die Ringmauern um klassische stauferzeitliche Ritterburgen zeugen noch heute davon, und Städte umgaben sich mit Fortifikationsanlagen, um die Sicherheit ihrer Bürger zu gewährleisten. Die im 15. Jahrhundert fertig gestellte Chinesische Mauer war mit fast 2500 Kilometern Länge die größte Schutzanlage der Welt. Im 18. Jahrhundert gab es allerorten, auch in Berlin, Akzisemauern, die einen Zollbezirk eingrenzten und das Wirtschaftsgebiet kennzeichneten. Die Berliner Mauer von 1961 bis 1989 hatten die Machthaber gebaut, um eine Bevölkerung einzusperren und sie von einer Abwanderung abzuhalten – dies war und ist weltgeschichtlich einmalig.

Als die glückstrunkenen Deutschen vor den Augen der Weltöffentlichkeit 1989 die Berliner Mauer zu Fall brachten, dachten viele, es breche nun eine neue Ära grenzenloser Freiheit, uneingeschränkter Mobilität und freier Entfaltung des Einzelnen an. Die Wirklichkeit sieht sehr viel trauriger aus: Über den Erdball ziehen sich heute mehr Mauern als jemals zuvor in der Menschheitsgeschichte. Schon ein kurzer Blick auf die wichtigsten Beispiele verdeutlicht dies: Seit 2003 hat

25 Neuerrichtetes Teilstück des israelischen Grenzzauns bei Abu Dis im Osten Jerusalems, Januar 2004.

Israel im Westjordanland damit begonnen, sich gegen palästinensische Anschläge mit dem Bau eines so genannten Anti-Terror-Zaunes zu schützen, der in seiner endgültigen Form zusammen mit dem bereits seit 1994 bestehenden Sicherheitszaun um den Gazastreifen eine Länge von fast 800 Kilometern haben wird. Dieser massive «antiterroristische Schutzwall» – wie Kritiker ihn in Anlehnung an den «antifaschistischen Schutzwall» nennen – ist bis zu acht Meter hoch, kostet eine Million Dollar pro Kilometer und ist mit Stacheldraht, Gräben und Wachtürmen versehen – kurz: in seiner ganzen Hässlichkeit erscheint er dem Vorbild Berliner Mauer ebenbürtig. Bethlehem, die Geburtsstadt Jesu, befindet sich im Zangengriff von Mauer, Stacheldraht, Überwachungskameras und einer flughafenähnlichen Grenzanlage. All dies soll vor palästinensischen Terroristen Sicherheit bieten. Den Palästinensern hingegen haben die Maßnahmen Trostlosigkeit beschert. So dürfen etwa Bauern, deren Felder jenseits der Absperrung liegen, nur zu bestimmten Zeiten und an wenigen «Agrar-Übergängen» zu ihren Äckern gelangen, die sie kaum noch bestellen können.

Auch Graffitis sind bereits aufgemalt, manche mit ebenso hintersinnig-witziger Botschaft wie einst in Berlin, etwa: CTRL+ALT+DELETE – der Computerbefehl für «Neustart». Wie seinerzeit in Berlin entstand auch hier eine neue Klientel: Mauertouristen. Die Mauer ist ein Bollwerk des Jammers – und zugleich ein Kunstwerk, das viele kreative Graffiti-Künstler aus aller Welt anlockt, selbst den aus Großbritannien stammenden Bansky, der immer in absoluter Anonymität verharrt und dadurch Kultstatus erlangte.[1] Im Januar 2008 schließlich gingen symbolträchtige Bilder um die Welt: Hunderttausende Palästinenser flohen in einem chaotischen Exodus aus dem Gazastreifen, nachdem Vermummte eine Bresche in die Mauer nach Ägypten gesprengt hatten.

Ähnliche «Sicherheitsmauern» existieren in den Krisenregionen der Welt. Die amerikanische Armee ließ 2007 einen Wall aus Beton in Bagdad errichten, um Sunniten und Schiiten voneinander zu trennen. Mauern bieten zwar keine totale Sicherheit, ihre Schutzwirkung ist jedoch nicht zu bestreiten.

Zwischen den USA und Mexiko zieht sich heute eine Mauer von bis zu sieben Metern Höhe, die zudem zum Schutz vor Untertunnelung tief in den Erdboden eingelassen ist, um illegale Immigranten aus Mexiko abzuhalten.[2] Bis 1994 war die Grenze de facto offen gewesen, und Hunderttausende hatten sie jedes Jahr illegal in die Vereinigten Staaten überquert. Dann zog der amerikanische Kongress die Notbremse. Zunächst bediente man sich der Wellbleche, die im Vietnamkrieg zum Bau von Landebahnen im Dschungel gedient hatten, um die Menschen abzuhalten. Nach den Terroranschlägen vom 11. September 2001 kam es zur Aufrüstung, es entstand die größte Baustelle der Welt. 18 000 US-amerikanische Polizisten verrichten an der Grenze ihren Dienst. Geländewagen und Hubschrauber gehören zu ihrer Ausstattung, doch die Überwachungsindustrie arbeitet bereits an High-Tech-Sensoren und Satellitenkameras. Die Quäker-Hilfsorganisation American Friends Service Committee schätzt, dass im Verlauf der letzten zehn Jahre bis zu 5000 Menschen beim Versuch ums Leben kamen, die Sperre zu überwinden oder zu umgehen: die Opfer sind in Güterwagen erstickt, in Bewässerungskanälen ertrunken, in der Wüste verdurstet oder in den Bergen erfroren.[3]

Indien zog bisher einen drei Meter hohen Erdwall durch Kaschmir, Teil eines Plans, die gesamte 1800 Kilometer lange Grenze zum verfeindeten Pakistan zu befestigen. Zwischen Indien und Bangladesh verläuft bereits ein Zaun, und das Königreich Bhutan wiederum riegelt sich mit einer Mauer in Richtung Indien ab, um das Einsickern von Rebellen zu unterbinden. In Afrika zieht sich zwischen Simbabwe und Botswana ein etwa 500 Kilometer langer Zaun. Offiziell wurde er angeblich mit dem hehren Ziel errichtet, eine Ausbreitung der Maul- und Klauenseuche einzudämmen, doch der wahre Grund ist kein Geheimnis – er soll illegale Einwanderer aus dem armen Simbabwe fernhalten. Saudi-Arabien wiederum kündigte zunächst sein internationales Grenzabkommen mit Jemen auf und errichtete anschließend eine massive, mit High-Tech-Sensoren ausgestattete Betonmauer, die illegale Einwanderer abschrecken soll. Ein Relikt des Kalten Krieges stellen schließlich die Grenzbefestigungen zwischen dem seit Ende des Zweiten Weltkrieges geteilten Nord- und Südkorea dar.

Die eifrigsten Mauerbauer sind jedoch nach wie vor die Europäer. Nikosia auf Zypern ist nach dem Fall der Mauer in Berlin die letzte geteilte Hauptstadt der Welt, die Teilung der Insel 1974 war das Ergebnis langjähriger blutiger Auseinandersetzungen zwischen Griechen und Türken. Auch durch den EU-Beitritt des griechischen Teils von Zypern im Mai 2004 hat sich die Lage nur wenig verbessert; erst im Jahr

2008 wurde die Sperre durchlässiger gemacht. Überhaupt Europa: Der Kontinent schließt sich konsequent zur «Festung Europa» ab. Die spanischen Enklaven Ceuta und Melilla an der Nordküste Afrikas gelegen, werden als Vorposten Europas durch einen Stacheldrahtzaun, Wachtürme, Bewegungsmelder, Infrarotkameras und bewaffnete Posten geschützt. Die Gelder für diese Maßnahmen stellt die Europäische Union im Rahmen des Schengener Abkommens zur Verfügung. Trotz der Sperren versuchen Jahr für Jahr Tausende von afrikanischen Elendsflüchtlingen den Zaun zu überwinden, doch sie finden häufig nur den Tod. Bilder angespülter Leichen an spanischen Stränden oder auf den Kanarischen Inseln gehen regelmäßig um die Welt. Die große Mauer, die die Armen der Welt von den reichen Ländern fernhalten soll, besteht indessen längst nicht mehr aus konventionellen Wänden oder stacheldrahtumzäunten Minenfeldern. Der bedeutendste Teil der globalisierten Grenzsicherung spielt sich zur See oder in der Luft ab, und die Grenzen haben digitale Dimensionen, vor allem in Form von Datenaustauschverfahren. Der «Eiserne Vorhang» gehört zur Geschichte des 20. Jahrhunderts – der «elektronische Vorhang» wird das 21. Jahrhundert prägen. Hatten die kommunistischen Diktaturen im vorigen Jahrhundert ihre Bevölkerung eingesperrt, so sehen wir derzeit eine Einmauerung des reichen Westens. Die «große Mauer des Kapitals» hat dies der in Kalifornien lehrende bekannte Soziologe Mike Davis genannt[4] und drei kontinentale Grenzregime ausgemacht: die US-amerikanische Sperre, die Festung Europa und die Linie, die das weiße Australien von Asien trennt. Angesichts dieser Vermauerung der Gegenwart zerrinnen die Hoffnungen des Mauerfalls von 1989 ins Utopische.

Dank

Ich möchte besonders Elena Zhludova M.A. danken, die eine Fülle von Literatur und Quellen herangetragen und bei der Bildrecherche geholfen hat. Sie und Dr. Cord Arendes sowie Catrin Weykopf haben das Manuskript Korrektur gelesen und Verbesserungsvorschläge gemacht. Dank gebührt Dr. Sebastian Ullrich vom Verlag C.H.Beck, der die Fertigstellung des Buches sorgfältig betreut hat. Außerdem danke ich der Philosophischen Fakultät und dem Rektorat der Universität Heidelberg, die mir im Wintersemester 2007/8 ein Forschungsfreisemester gewährten, in dem dieses Buch geschrieben werden konnte.

Heidelberg, im August 2008

Anhang

Anmerkungen

Einleitung: Blick auf die Mauer
1 Diese Episode beruht auf dokumentarischem Filmmaterial und Interviews von West-Berlinern, die ihre Freizeit an der Westseite der Mauer verbrachten. Vgl. Filmausschnitte in: Die Berliner Mauer, Teil 2: Trennung (1972–1988).

1. Der Schock: Mauerbau, 13. August 1961
1 «Unser Staat ist auf Draht», in: Neues Deutschland, 14.8.1961.
2 Erich Honecker, Aus meinem Leben, S. 205. Weiter: «Ich kann mir denken, dass in den Stäben der NATO und der Bundeswehr recht gut verstanden worden ist, welche Kraft einheitlichen Handelns hinter solchen Maßnahmen wie denen vom 13. August 1961 stand. Nur gemeinsam mit zahllosen freiwilligen Helfern und getragen vom Verständnis der überwältigenden Mehrheit der Werktätigen ließ sich eine solche Operation bewerkstelligen. Deshalb zeigte sich in diesen Augusttagen nicht nur unsere militärische Kraft, sondern auch die Stärke unserer sozialistischen Ordnung, die Überlegenheit unseres politischen Systems.»
3 Viele Beispiele in den beiden Dokumentationen von Matthias Walden aus dem Jahr 1961: «Stacheldraht» und «Die Mauer»; außerdem Spiegel-TV, Teil 8: Die Teilung; zudem Eisenfeld/Engelmann, 13. August 1961: Mauerbau. S. 87–127; Hertle, Die Berliner Mauer – Monument des Kalten Krieges, S. 54–77; Ullrich, Geteilte Ansichten, S. 18–22.
4 Ebd. (Film «Stacheldraht»).
5 Jochen Staadt, «Verräter liquidieren! Der Schießbefehl für Stasi-Grenzer», in: Frankfurter Allgemeine Zeitung, 13.8.2007.
6 Ebd.

7 Litfin, Tod durch fremde Hand. Das erste Maueropfer in Berlin und die Geschichte einer Familie.
8 Aus dem Protokoll der Lagebesprechung des zentralen Stabes am 20. September 1961, zit. nach Filmer/Schwan, Opfer der Mauer. Die geheimen Protokolle des Todes, S. 379.
9 Vgl. Major, «Mit Panzern kann man doch nicht für den Frieden sein». Die Stimmung der DDR-Bevölkerung zum Bau der Berliner Mauer am 13. August 1961 im Spiegel der Parteiberichte der SED; ders., Vor und nach dem 13. August: Reaktionen der DDR-Bevölkerung auf den Bau der Berliner Mauer.
10 Z. B. Volkswacht. Organ der Bezirksleitung Gera der SED, 14. 8. 1961.

2. Vorgeschichte: Der Weg zum Mauerbau

1 Zit. nach Steininger, Deutsche Geschichte seit 1945. Darstellung und Dokumente in vier Bänden, Bd. 1: 1945–1947, S. 156; allgemein zur Besatzungszeit: Naimark, Die Russen in Deutschland; auch Leonhard, Meine Geschichte der DDR, S. 9–44; Weber, Die DDR 1945–1990, S. 5 ff.
2 Im Einzelnen Stöver, Der Kalte Krieg 1947–1991. Geschichte eines radikalen Zeitalters, S. 67–88; Loth, Teilung der Welt. Mit Blick auf Berlin: Large, Berlin. Biographie einer Stadt, S. 347–421.
3 Barclay, Schaut auf diese Stadt. Der unbekannte Ernst Reuter, S. 195.
4 Bender, Deutschlands Wiederkehr. Eine ungeteilte Nachkriegsgeschichte 1945–1990, S. 41.
5 Loth, Stalins ungeliebtes Kind. Warum Moskau die DDR nicht wollte. Loth hat damit viel Widerspruch erfahren, siehe die verschiedenen Argumente bei Foitzik, Sowjetische Militäradministration, S. 15 ff.
6 Vgl. Ruggenthaler, Stalins großer Bluff. Die Geschichte der Stalin-Note in Dokumenten der sowjetischen Führung. Damit dürfte die Debatte, die seit 1952 die Gemüter bewegt hatte, abgeschlossen sein. Zur zeitgenössischen Kontroverse siehe Dittmann, Adenauer und die deutsche Wiedervereinigung.
7 Vgl. Ullrich, Geteilte Ansichten, S. 20.
8 Zu sämtlichen Aspekten: Engelmann/Kowalczuk (Hg.), Volkserhebung gegen den SED-Staat. Eine Bestandsaufnahme zum 17. Juni 1953; Knabe, Der 17. Juni 1953.
9 Vgl. Umbach, Das rote Bündnis. Entwicklung und Zerfall des Warschauer Paktes 1944–1991.
10 Vgl. Dalos, 1956. Der Aufstand in Ungarn.

11 Siehe Wolfrum, Die Ungarische Revolution im internationalen Beziehungsgefüge.
12 Dazu Lemke, Die Berlinkrise von 1958 bis 1963. Interessen und Handlungsspielräume der SED im Ost-West-Konflikt; Wettig, Die sowjetische Politik während der Berlin-Krise von 1958–1962; Uhl, Krieg um Berlin? Die sowjetische Militär- und Sicherheitspolitik in der zweiten Berlin-Krise 1958 bis 1962.
13 Vgl. Heidemeyer, Flucht und Zuwanderung aus der SBZ/DDR 1945/1949–1961. Die Flüchtlingspolitik der Bundesrepublik Deutschland bis zum Bau der Berliner Mauer, Düsseldorf; Grasemann, Fluchtgeschichten; Effner/Heidemeyer (Hg.), Flucht im geteilten Deutschland.
14 Leonhard zitiert in seinem Buch «Meine Geschichte der DDR», S. 165 aus den Erinnerungen des hochrangigen sowjetischen Diplomaten Julij Kwizinskiji, «Vor dem Sturm», jene Passagen, in denen deutlich wird, wie Ulbricht damals auf den Mauerbau drängte.
15 Kroll, Lebenserinnerungen eines Botschafters, S. 512.
16 Umfassend: Uhl/Wagner (Hg.), Ulbricht, Chruschtschow und die Mauer. Eine Dokumentation; Wettig, Chruschtschows Berlin-Krise 1958–1963. Drohpolitik und Mauerbau; Bonwetsch/Filitow, Chruschtschow und der Mauerbau.
17 Filmmitschnitt bei: Die Berliner Mauer, Teil 1: Teilung (1961–1971). Ebenso: www.chronik-der-mauer.de/index.php/chronik/1961/Juni115.

3. Erleichterung: Der Westen und der Mauerbau

1 Zum Nachfolgenden: Beschloss, The Crisis Years. Kennedy and Khrushev, 1961–1963; Münger, Kennedy, die Berliner Mauer und die Kubakrise. Die westliche Allianz in der Zerreißprobe 1961–1963; Arenth, Der Westen tut nichts! Transatlantische Kooperation während der zweiten Berlin-Krise (1958–1962) im Spiegel neuer amerikanischer Quellen; Daum, Kennedy in Berlin. Politik, Kultur und Öffentlichkeit im Kalten Krieg; Steininger, Der Mauerbau. Die Westmächte und Adenauer in der Berlinkrise.
2 Kennedy, John F., Public Papers of the President of the United States, 1961–1963, Vol. I, Washington, S. 539.
3 Die Zeit, 18. 8. 1961: «Quittung für den langen Schlaf».
4 Vgl. Küsters, Konrad Adenauer und Willy Brandt in der Berlin-Krise 1958–1963.
5 Bulletin des Presse- und Informationsamtes der Bundesregierung, Bonn 15. 8. 1961, Nr. 150, S. 1453.
6 Filmausschnitt in: Die Berliner Mauer, Teil 1: Teilung (1961–1971).

7 Ebd.
8 Erklärung des Regierenden Bürgermeisters vor dem Abgeordnetenhaus am 13. August 1961, Stenographische Berichte. Abgeordnetenhaus von Berlin, 3. Wahlperiode, Bd. 3, S. 251 ff.
9 Schollwer, Liberale Opposition gegen Adenauer. Aufzeichnungen 1957–1961, S. 158.
10 Vgl. Prowe, Der Brief Kennedys an Brandt vom 18. August 1961. Eine zentrale Quelle zur Berliner Mauer und der Entstehung der Brandtschen Ostpolitik.
11 Filmausschnitt in: Die Berliner Mauer, Teil 1: Teilung (1961–1971).
12 Bahr, Der Schock des Mauerbaus aus der Sicht des Berliner Senats, S. 147; siehe auch den Filmausschnitt: Spiegel-TV, Teil 9: Der Kalte Krieg.
13 Uhl/Wagner, «Die Möglichkeiten, aber auch die Grenzen nachrichtendienstlicher Aufklärung». Bundesnachrichtendienst und Mauerbau, Juli–September 1961.
14 Vgl. den Filmausschnitt und die zeitgenössischen Töne, in: Spiegel-TV, Teil 9: Der Kalte Krieg.
15 Ebd.
16 So der Sohn Chruschtschows in einem Interview in der 2-teiligen Dokumentation von Werner Biermann «Am Abgrund. Die Anatomie der Kuba Krise», 2004, Teil 2.

4. Eingemauert: Die Mauer als «Beruhigungsfaktor»

1 Dazu und zum Folgenden mit Nachweisen: Wolfrum, Geschichtspolitik in der Bundesrepublik Deutschland. Der Weg zur bundesrepublikanischen Erinnerung 1948–1990, S. 197–221.
2 Filmausschnitt, in: Die Berliner Mauer, Teil 1: Teilung (1961–1971).
3 Grashoff, «In einem Anfall von Depression …». Selbsttötungen in der DDR.
4 Dönhoff u. a., Reise in ein fernes Land. Bericht über Kultur, Wirtschaft und Politik in der DDR.
5 Die Forschungsdebatte zu diesem Aspekt wird von Ihme-Tuchel, Die DDR, S. 52–54 umrissen.
6 Abgedruckt in: Richter (Hg.), Die Mauer oder Der 13. August, S. 65 f.
7 Filmausschnitt in: Die Berliner Mauer, Teil 1: Teilung (1961–1971).
8 Bündig wird dies beschrieben bei Mählert, Kleine Geschichte der DDR, S. 108–113. Die Forschungsdiskussion und weiterführende Literatur bei Bauerkämper, Die Sozialgeschichte der DDR, S. 11–17.
9 Vgl. Wolle, Aufbruch in die Stagnation. Die DDR in den Sechzigerjahren, S. 45–77.

10 Erfahrungssatz einer DDR-Bürgerin, zit. nach: Bender, Deutschlands Wiederkehr. Eine ungeteilte deutsche Nachkriegsgeschichte 1945–1990, S. 62.
11 Vgl. Wolle, Aufbruch in die Stagnation, S. 115–121. Zu den Hintergründen und die dazu gehörige Forschungsdebatte: Ihme-Tuchel, Die DDR, S. 54–58.
12 Zit. nach Mählert, Kleine Geschichte der DDR, S. 107.
13 Werkentin, Politische Strafjustiz in der Ära Ulbricht, S. 251.
14 Wolle, Aufbruch in die Stagnation.
15 Vgl. Ihme-Tuchel, Die DDR, S. 83; Hoffmann, Die DDR unter Ulbricht. Gewaltsame Neuordnung und gescheiterte Modernisierung.

5. Menschenjagd: Geglückte und missglückte Fluchten

1 Filmausschnitt, in: Die Berliner Mauer, Teil 1: Teilung (1961–1971); Spiegel-TV, Teil 8: Die Teilung.
2 Die Welt, 12.9.1963.
3 Zum Folgenden mit zahlreichen Quellen und mit weiterführender Literatur Grasemann, Das DDR-Grenzregime und seine Folgen. Der Tod an der Grenze, S. 1209–1255.
4 Vgl. www.chronik-der-mauer.de.
5 Vgl. Grasemann, Das DDR-Grenzregime und seine Folgen. Der Tod an der Grenze, S. 1227–1235.
6 Zahlreiche Beispiele bei Detjen, Ein Loch in der Mauer. Die Geschichte der Fluchthilfe im geteilten Deutschland 1961–1989.
7 Zur Wertung: Fricke, Fluchthilfe als Widerstand im Kalten Krieg. Anmerkungen zu einem ungeschriebenen Kapitel DDR-Widerstandsgeschichte.
8 Aus der Sicht der SED-Führung gab es keine politischen Häftlinge in der DDR, sondern nur Straftäter. Daher waren sich BRD und DDR über den Begriff «politischer Häftling» von Anfang bis Ende des Freikaufs nicht einig. Vgl. Raschka, Zwischen Überwachung und Repression – Politische Verfolgung in der DDR 1971 bis 1989. Weiterhin: Rehlinger, Die Geschäfte der DDR mit politisch Verfolgten 1963–1989; Judt, Häftlinge für Bananen. Der Freikauf politischer Häftlinge aus der DDR und das «Honecker-Konto». Zum «Vermittler»: Whitney, Advocatus Diaboli. Wolfgang Vogel. Anwalt zwischen Ost und West.
9 Walter Süß: «Lieber einen Menschen abhauen lassen ...» Wie es vor zehn Jahren zur Aufhebung des Schießbefehls kam, in: Frankfurter Allgemeine Zeitung, 2.2.1999.

6. Die Lüge: «Antifaschistischer Schutzwall»

1 Zit. nach Ihme-Tuchel, Die DDR, S. 50.
2 Zeitzeugenbericht eines Grenzsoldaten im Berlin-Stadtführer «Die Mauer entlang. Auf den Spuren der verschwundenen Grenze», Berlin 1996, S. 106.
3 Leonhard, Meine Geschichte der DDR, S. 168.
4 Neues Deutschland, 13.8.1964. Im selben Tenor ging es all die Jahre weiter, und der Höhepunkt war 1986, am 25. Jahrestag, erreicht. Vgl. Neues Deutschland, 14.8.1986: «Zum 25. Jahrestag der Errichtung des antifaschistischen Schutzwalls. Kampfappell der traditionsreichen Bataillone der Arbeiterklasse in Berlin für Frieden und Sozialismus». Hier auch zahlreiche Fotos zu den Feierlichkeiten.
5 Ebd. (1964).
6 Vorsteher (Hg.), Parteiauftrag: ein neues Deutschland. Bilder, Rituale und Symbole der frühen DDR, S. 418.
7 Vgl. Grunenberg, Antifaschismus – ein deutscher Mythos; Niethammer (Hg.), Der «gesäuberte» Antifaschismus. Die SED und die roten Kapos von Buchenwald.
8 Filmausschnitt in: Die Berliner Mauer, Teil 1: Teilung (1961–1971).
9 Ein Exemplar dieses «Merkblatts für Berlin-Besucher» und weitere ähnliche Merkblätter befinden sich im Pressearchiv des Otto-Suhr-Instituts der Freien Universität Berlin.
10 So das Gewerkschaftsblatt Tribüne, 10.8.1966.
11 Zit. nach Kleßmann, Zwei Staaten, eine Nation. Deutsche Geschichte 1955–1970, S. 320.
12 Der Kämpfer. Organ der Kampfgruppen der Arbeiterklasse, August 1981.
13 Neues Deutschland, 13.8.1969.
14 Filmausschnitt in: Die Berliner Mauer, Teil 1: Teilung (1961–1971).
15 Ebd.
16 Neues Deutschland, 14.7.1981.
17 Film: Der Mauerbau im DDR-Unterricht.
18 Neues Deutschland, 14.7.1981. «Dieses Traditionszimmer in der Straße Unter den Linden bietet für den Besucher eine kleine Sensation, weil es ein Stück Geschichte erlebt hat und zugleich ein Stück Geschichte aufbewahrt. Denn hier in diesem Raum war in den Tagen um den 13. August 1961 einer der Stäbe untergebracht, die damals, vor zwanzig Jahren, den Einsatz von Angehörigen Berliner Kampfgruppen am und um das Brandenburger Tor leiteten. Es atmet in allen seinen Ausstellungsstücken noch heute etwas von jenen Tagen.»

19 Vgl. den Bericht über die militärischen Geländespiele aus Anlass des Mauerbaus, in: Der Tagesspiegel, 5.8.1981.
20 Film: Die Berliner Mauer, Teil 1: Teilung (1961–1971), darin von Schnitzlers «Mauerfibel für Kinder».
21 Zentralinstitut für Geschichte der Akademie der Wissenschaften der DDR (Hg.), Grundriß der deutschen Geschichte. Von den Anfängen der Geschichte des deutschen Volkes bis zur Gestaltung der entwickelten sozialistischen Gesellschaft in der Deutschen Demokratischen Republik. Klassenkampf – Tradition – Sozialismus, S. 693.

7. Schöner Schein: Die Mauer in der Ära der Entspannung

1 Daum, Kennedy in Berlin. Politik, Kultur und Öffentlichkeit im Kalten Krieg; Filmausschnitt der Rede: Spiegel-TV, Teil 9: Der Kalte Krieg.
2 Westdeutscher Rundfunk, 12.8.1962, 19.30 Uhr, «Was können wir gegen die Mauer tun?». Manuskript im Pressearchiv des Otto-Suhr-Instituts der Freien Universität Berlin.
3 Vgl. eine in der französischen Zeitung Le Monde, 21./22.7.1963 zitierte Umfrage.
4 Dazu: Bender, Die «Neue Ostpolitik» und ihre Folgen; ders., Deutschlands Wiederkehr. Eine ungeteilte Nachkriegsgeschichte 1945–1990, S. 144–172, dort auch die Zitate. Zu Bahrs Tutzinger Rede: Vogtmeier, Egon Bahr und die deutsche Frage; nicht zuletzt aber auch Garton Ash, Im Namen Europas.
5 Ebd. (Garton Ash), S. 124.
6 Regierungserklärung des Bundeskanzlers Willy Brandt vor dem Deutschen Bundestag am 28. Oktober 1969, in: Außenpolitik der Bundesrepublik Deutschland. Vom Kalten Krieg zum Frieden in Europa. Dokumente 1949–1989. Hg. v. Auswärtigen Amt, Bonn 1990, S. 323 ff.
7 Zit. nach Kleßmann, Die Ostpolitik der Bundesrepublik aus Sicht der DDR, S. 22; siehe auch Hertle/Jarausch (Hg.), Risse im Bruderbund. Die Gespräche Honecker-Breschnew 1974 bis 1982.
8 Abgedruckt in: Außenpolitik der Bundesrepublik Deutschland. Vom Kalten Krieg zum Frieden in Europa. Dokumente 1949–1989. Hg. v. Auswärtigen Amt, Bonn 1990, S. 332.
9 Dazu mit vielen Beispielen: Erdmann, Der gescheiterte Nationalstaat. Die Interdependenz von Nations- und Geschichtsverständnis im politischen Bedingungsgefüge der DDR.
10 Siehe von Bredow, Der KSZE-Prozess: von der Zähmung bis zur Auflösung des Ost-West-Konflikts; Loth, Helsinki, 1. August 1975.

11 Neues Deutschland, 6.8.1975. Ebenso Honecker, Aus meinem Leben, S. 206.
12 Baumgarten/Freitag (Hg.), Die Grenzen der DDR. Geschichte, Fakten, Hintergründe, S. 15.
13 Grasemann, Das DDR-Grenzregime und seine Folgen. Der Tod an der Grenze, S. 1219.
14 Vgl. Pötzsch, Deutsche Geschichte nach 1945 im Spiegel der Karikatur, S. 188.
15 Eine kleine Zusammenstellung aus den 70er und frühen 80er Jahren: Frankfurter Allgemeine Zeitung, 31.3.1973: «CSU spricht von Schandmauer»; Der Tagesspiegel, 23.4.1973: «Flüchtling von DDR-Grenzposten am Reichstag erschossen»; Rheinischer Merkur, 10.7.1973: «Volkszorn an der Mauer»; Die Welt, 17.9.1973: «CDU klagt Ost-Berlin bei der UNO wegen Verletzung von Menschenrechten an»; Frankfurter Allgemeine Zeitung, 13.8.1975 «CDU: Politik der Ostverträge an der Mauer gescheitert»; Süddeutsche Zeitung, 13.8.1976: «Der 13. August entzweit die Parteien»; Vorwärts, 6.8.1981: «Die sichtbare Schwäche der Politik der Stärke»; Die Welt, 10.8.1981: «Was die Bonner Parteien heute zum Bau der Mauer sagen»; Der Tagesspiegel, 13.8.1982: «Stellungnahmen zum Jahrestag des Baus der Mauer 1961».
16 Die Welt, 13.8.1976: Axel Springer «15 Jahre Mauer in Berlin». Demgegenüber die SED: Frankfurter Allgemeine Zeitung, 14.8.1976: «Ost-Berlin feiert die Mauer als guten Dienst für den europäischen Frieden»; Neues Deutschland, 14./15.8.1976: «Machtvoller Kampfappell der Berliner Arbeiterbataillone».
17 Der Tagesspiegel, 13.8.1981.
18 Wer die Mauer noch Mauer nannte und wer andere Begriffe erfand, dies stellte die Frankfurter Allgemeine Zeitung, 6.7.1988 zusammen.

8. Anfang vom Ende: Unruhen im Ostblock, zweiter Kalter Krieg

1 Siehe Pauer, Prag 1968. Der Einmarsch des Warschauer Paktes; siehe auch den Beitrag «Geheime Dokumente – Die NVA und der Prager Frühling» in der Sendung «Frontal 21» vom 20.5.2008. http://frontal21.zdf.de.
2 Judt, Die Geschichte Europas seit dem Zweiten Weltkrieg, S. 504.
3 Dazu Wolodzimierz Borodziej, «Papst und Pole. Wie Johannes Paul II. ein System ins Wanken brachte», in: Neue Zürcher Zeitung, 4.8.2005.
4 Neue Zürcher Zeitung, 17.10.1978; International Harald Tribune, 17.10.1978; Libération, 17.10.1978; Der Spiegel 43/1978.

5 Gorbatschow, Erinnerungen, S. 154 f.
6 Financial Times, 5. 4. 2005.
7 Vgl. Vorläufiges Gesprächsprotokoll des Gespräches mit dem Staatsratsvorsitzenden Erich Honecker am 31. 10. 1983, Archiv Grünes Gedächtnis – Petra Kelly Archiv, Akte 332 (1). Siehe auch: Offener Brief an Erich Honecker, unterschrieben von Gert Bastian, Petra Kelly u. a., in: Europäische Friedenskonferenz, «Nun beginnt die Phase des zivilen Ungehorsams» – 2. Europäische Konferenz für atomare Abrüstung, Berlin (West), 9.–14. Mai 1983. Ebd., Akte 075. Diese Hinweise verdanke ich der Doktorandin Regina Wick. Allgemein siehe auch Silomon, «Schwerter zu Pflugscharen» und die DDR.
8 In seinen posthum erschienenen «Erinnerungen» von 1989 begründete Franz Josef Strauß sein Verhalten: «Bei meinem Entschluss, den Kreditwunsch der DDR zu unterstützen, ließ ich mich auch von den Erfahrungen der jüngsten Geschichte leiten. 1953, 1956, 1968, 1980/81, ob in der DDR, in Ungarn, in der Tschechoslowakei oder zuletzt in Polen – niemals, wenn es zu Aufständen in einem der Ostblockstaaten kam, hat der Westen eingegriffen. Wegen der damit verbundenen Gefahr lebensgefährlicher, kriegerischer Verwicklungen konnten und können Volkserhebungen in den Staaten des Warschauer Pakts nicht unterstützt werden. Es hat deshalb keinen Sinn, die Notsituation dort so zu verschärfen, dass die Belastungen für die Menschen unerträglich werden und es zur Explosion kommt. (...) Ich jedenfalls konnte und kann aufgrund meiner von christlichem Gewissen geprägten Grundhaltung eine solche Politik nicht hinnehmen oder gar fördern. Dieses Motiv hat man vielleicht nicht richtig verstanden.» S. 527 f.
9 Potthoff, Die «Koalition der Vernunft». Deutschlandpolitik in den 80er Jahren; Zimmer, Nationales Interesse und Staatsräson.
10 Regierungserklärung von Bundeskanzler Helmut Kohl vor dem Deutschen Bundestag am 13. Oktober 1982, in: Texte zur Deutschlandpolitik, Reihe III, B. 1, S. 9.
11 Siehe Potthoff, Die «Koalition der Vernunft». Deutschlandpolitik in den 80er Jahren.
12 Helmut Kohl betonte zwei Jahre danach gegenüber Honecker: «Ich möchte Ihnen noch einmal versichern, dass es das Interesse der Bundesregierung und mein ganz persönliches Interesse bleibt, die Beziehungen in einer vernünftigen Weise weiterzuentwickeln, wie wir es bei Ihrem Besuch vor zwei Jahren besprochen haben.» Kohl, Erinnerungen, S. 913.

9. Längste Leinwand der Welt: Die Pop-Art-Mauer

1 In der zweiten Hälfte der 80er Jahre erschienen zahlreiche Berichte über die Gewöhnung, z. B. Süddeutsche Zeitung, 13. 8. 1986.
2 Hoffmann, Leben mit der Mauer, S. 30.
3 Zur Vorgeschichte: die tageszeitung, 1. 6. 1988; Frankfurter Rundschau, 2. 7. 1988; die Bilder der «ersten Massenflucht in den Osten» gingen um die Welt, siehe Herald Tribune, 2. 7. 1988.
4 Eine anschauliche und detailreiche Dokumentation: Gründer, Berliner Mauerkunst; zudem: Garais, Berliner Mauer. Die längste Leinwand der Welt.
5 Zit. nach: Diers, Die Mauer. Notizen zur Kunst- und Kulturgeschichte eines deutschen Symbolwerks.
6 Haus am Checkpoint Charlie (Hg.), Wo Weltgeschichte sich manifestiert. Ein Wettbewerb: 71 Entwürfe zur Bemalung einer Hauswand am Checkpoint Charlie in Berlin, Berlin 1980.
7 Interviews und Filmausschnitte in: Die Berliner Mauer, Teil 2: Trennung (1972–1988).
8 Zit. nach Gründer, Berliner Mauerkunst, S. 52.
9 Filmausschnitt in: Die Berliner Mauer, Teil 2: Trennung (1972–1988).
10 Vgl. Haspel, Die Berliner Mauer – das Beispiel East Side-Gallery.

10. Der Feind im eigenen Lager: Die SED und Michail Gorbatschow

1 Vgl. Gorbatschow, Erinnerungen, S. 925.
Aufschlussreich ist der Bericht des Gorbatschow-Vertrauten Tschernajew, Die letzten Tage einer Weltmacht; sehr kritisch: Falin, Konflikte im Kreml.
2 Vgl. Kohl, Erinnerungen 1982–1990, S. 451.
3 Neues Deutschland, 10. 4. 1987.
4 Zit. nach Mählert, Kleine Geschichte der DDR, S. 148.
5 Küchenmeister/Stephan (Hg.), Honecker–Gorbatschow. Vieraugengespräche, S. 161.
6 Times, 17. 12 1986.
7 Zit. nach Schmidt-Häuer, Michail Gorbatschow, S. 14 f.
8 Ebd.
9 Filmausschnitt in: Die Berliner Mauer, Teil 2: Trennung (1971–1988).
10 Ebd.
11 Vgl. Küchenmeister/Stephan (Hg.), Honecker–Gorbatschow. Vieraugengespräche.
12 Gorbatschow, Erinnerungen, S. 928.
13 Ebd., S. 938.

14 Wolle, Die heile Welt der Diktatur, S. 294. Grundlegend: Maier, Das Verschwinden der DDR; Jarausch, Die unverhoffte Einheit.
15 Valentin Falin im Interview mit Hans-Christoph Blumenberg 1999, zit. nach von Plato, Die Vereinigung Deutschlands, S. 56.
16 Gorbatschow, Erinnerungen, S. 935.

11. Weltereignis: Mauerfall 1989
1 Michail Gorbatschow und die deutsche Frage, S. 18.
2 Die Welt, 19.1.1989.
3 Frankfurter Allgemeine Zeitung, 21.1.1989.
4 Zum inneren und äußeren Ablauf des Weltereignisses: Dülffer, Europa im Ost-West-Konflikt; Zwahr, Ende einer Selbstzerstörung. Leipzig und die Revolution in der DDR; Weidenfeld, Außenpolitik für die deutsche Einheit; Teltschik, 329 Tage. Innenansichten der Einigung; Rödder, Staatskunst statt Kriegshandwerk. Probleme der deutschen Vereinigung in internationaler Perspektive; von Plato, Die Vereinigung Deutschlands – ein weltpolitisches Machtspiel.
5 Filmausschnitte, Die Berliner Mauer, Teil 3: Heilung (1989–1999).
6 Hertle, Der Mauerfall, in: Mauerbau und Mauerfall, S. 280; ders., Chronik des Mauerfalls. Die dramatischen Ereignisse um den 9. November; ders./Elsner, Mein 9. November. Der Tag, an dem die Mauer fiel.
7 Zit. nach Hertle, Chronik des Mauerfalls, S. 142 f.; filmisch dokumentiert in: Die Berliner Mauer, Teil 3: Heilung (1989–1999).
8 Am eindringlichsten sind hier die Filmaufnahmen, in: Die Berliner Mauer, Teil 3: Heilung (1989–1999); sowie Als die Mauer fiel – 50 Stunden, die die Welt veränderten. Eine Dokumentation.
9 Ulrike Poppe, Life in the Shadow of the Wall = Leben im Schatten der Mauer, in: Henriette von Preuschen/Leo Schmidt (Hg.), On Both Sides of the Wall. Preserving Monuments and Sites of the Corld War Era = auf beiden Seiten der Mauer, Denkmalpflege an Objekten aus der Zeit des Kalten Krieges, Bad Münstereifel 2005, S. 28–35, S. 28.
10 Wolf Biermann, «Mauerbauer. Wie am 13. August 1961 der Mantel der Geschichte vor meinen Augen wehte und mir die Sicht nahm», in: Die Welt, 11.8.2001.

12. Verschwunden, nicht vergessen: Was von der Mauer übrig blieb
1 Der Tagesspiegel, 29.12.1989.
2 Frankfurter Allgemeine Zeitung, 7.12.1989.
3 Der Tagesspiegel, 8.8.1990.
4 die tageszeitung, 14.6.1990.

5 die tageszeitung, 12.12.1989.
6 Süddeutsche Zeitung Magazin, 9.11.2007.
7 Vgl. Ullrich, Geteilte Ansichten, S. 162 ff.; mit Blick auf die Literatur: Skare, Mauer und Grenzerfahrung in Texten junger ostdeutscher Autoren.
8 Zur Kontroverse um eine angemessene Gedenkstätte: Frankfurter Allgemeine Zeitung, 15.8.1991; Neue Zürcher Zeitung, 15.8.1991.
9 Allgemein dazu: Wolfrum, Täterbilder.
10 Die beste Reflexion und alle Zahlen bei: Marxen/Wehrle/Schäfter, Die Strafverfolgung von DDR-Unrecht. Fakten und Zahlen. Außerdem Bräutigam, Die Toten an der Berliner Mauer und an der innerdeutschen Grenze und die bundesdeutsche Justiz; Amelung, Die juristische Aufarbeitung des DDR-Unrechts; Arnold, Menschenrechtsschutz durch Art. 7 Abs. 1 EMRK.
11 Die Zeit, 18.10.1991.
12 Bräutigam, Die Toten an der Berliner Mauer und an der innerdeutschen Grenze und die bundesdeutsche Justiz S. 976.
13 Siehe Jürgs/Elis, Typisch Ossi – Typisch Wessi; Czada/Wollmann (Hg.), Von der Bonner zur Berliner Republik.
14 Vgl. Bär (Hg.), Von «aufmüpfig» bis «Teuro». Die «Wörter der Jahre» 1971–2002; Dittmar/Bredel, Die Sprachmauer. Informationen: Gesellschaft für deutsche Sprache www.gfds.de, dort auch die Wörter und Unwörter des Jahres.
15 die tageszeitung, 12.8.1991.
16 Bericht über die Studie, die an der FU Berlin entstanden ist, in: Süddeutsche Zeitung 28.12.2007.
17 So häufiger in der Spielsaison 2007/8.
18 Süddeutsche Zeitung, 9.7.2007.
19 Vgl. «Vom Todesstreifen zur Lebenslinie», in: Süddeutsche Zeitung, 13.5.2008.
20 www.mauerguide.com (20. Juni 2008).

Schluss: Mauern in der Welt von heute

1 Vgl. «Die andere Seite», in: Süddeutsche Zeitung, 17./18.5.2008.
2 Sandro Benini, Der Traum hinter der Mauer. USA/Mexiko, in: Das Parlament. www.bundestag.de (8.2.2008); Süddeutsche Zeitung, 22.7.2008.
3 Mike Davis, Die große Mauer des Kapitals, in: Die Zeit, 12.10.2006.
4 Ebd.

Literaturhinweise

Alter, Peter, 13. August 1961: Mauerbau in Berlin, in: Dirk Blasius/Wilfried Loth (Hg.), Tage deutscher Geschichte im 20. Jahrhundert, Göttingen 2006, S. 105-122.

Amelung, Knut, Die juristische Aufarbeitung des DDR-Unrechts. Strafrechtsdogmatik und politische Faktizität im Widerstreit, in: Alfons Kenkmann/Hasko Zimmermann (Hg.), Nach Kriegen und Diktaturen. Umgang mit Vergangenheit als internationales Problem. Bilanzen und Perspektiven für das 21. Jahrhundert, Essen 2005, S. 97-107.

Arenth, Joachim, Der Westen tut nichts! Transatlantische Kooperation während der zweiten Berlin-Krise (1958-1962) im Spiegel neuer amerikanischer Quellen, Frankfurt/M. 1993.

Arnold, Jörg, Menschenrechtsschutz durch Art. 7 Abs. 1 EMRK, in: Neue Justiz 11 (2001), S. 561-569.

Ausland, John C., Kennedy, Khrushchev and the Berlin-Cuba-Crisis 1961-1964, Oslo/Boston 1996.

Bär, Jochen A. (Hg.), Von «aufmüpfig» bis «Teuro». Die «Wörter der Jahre» 1971-2002, Mannheim/Wiesbaden 2003.

Barclay, David E., Schaut auf diese Stadt. Der unbekannte Ernst Reuter, Stuttgart 2000.

Bahr, Egon, Der Schock des Mauerbaus aus der Sicht des Berliner Senats, in: Bruno Thoß (Hg.), Vom Kalten Krieg zur deutschen Einheit, München 1995.

Ders., Zu meiner Zeit, München 1996.

Bahrmann, Hannes/Links, Christoph, The Fall of the Wall. The Path to German Reunification, Berlin 1999.

Bauerkämper, Arnd, Die Sozialgeschichte der DDR, München 2005.

Bender, Peter, Deutschlands Wiederkehr. Eine ungeteilte Nachkriegsgeschichte 1945-1990, Stuttgart 2007.

Ders., Die «Neue Ostpolitik» und ihre Folgen. Vom Mauerbau bis zur Vereinigung, 4. Aufl., München 1996.

Bessel, Richard/Jessen, Ralph (Hg.), Die Grenzen der Diktatur. Staat und Gesellschaft in der DDR, Göttingen 1996.

Biermann, Rafael, Zwischen Kreml und Kanzleramt. Wie Moskau mit der deutschen Einheit rang, Paderborn u. a. 1997.

Bonwetsch, Bernd/Filitow, Alexei, Chruschtschow und der Mauerbau. Die Gipfelkonferenz der Warschauer-Pakt-Staaten vom 3.–5. August 1961, in: Vierteljahrshefte für Zeitgeschichte 48 (2000), S. 155–198.

Boris, Peter, Grenzsoldaten der DDR – Mordopfer westlicher Banden? Behauptungen und Feststellungen, in: Deutschland Archiv 22 (1989), S. 305–322.

Brandt, Willy, Erinnerungen, 4. Aufl., Frankfurt/M./Berlin 1993.

Bräutigam, Hansgeorg, Die Toten an der Berliner Mauer und an der innerdeutschen Grenze und die bundesdeutsche Justiz. Versuch einer Bilanz, in: Deutschland Archiv 37 (2004), S. 969–976.

Bredow, Wilfried von, Der KSZE-Prozess. Von der Zähmung bis zur Auflösung des Ost-West-Konflikts, Darmstadt 1992.

Camphausen, Gabriele/Nooke, Maria u. a. (Hg.), Die Berliner Mauer. Ausstellungskatalog. Dokumentationszentrum Berliner Mauer, Dresden 2002.

Czada, Roland/Wollmann, Helmut (Hg.), Von der Bonner zur Berliner Republik. 10 Jahre deutsche Einheit, Wiesbaden 2000.

Dalos, György, 1956. Der Aufstand in Ungarn, München 2006.

Daum, Andreas W., Kennedy in Berlin. Politik, Kultur und Öffentlichkeit im Kalten Krieg, München 2003.

Demke, Elena, Mauerfotos in der DDR. Inszenierung, Tabus, Kontexte, in: Karin Hartewig/Alf Lüdtke (Hg.), Die DDR im Bild. Zum Gebrauch der Fotografie im anderen deutschen Staat, Göttingen 2004, S. 89–106.

Detjen, Marion, Ein Loch in der Mauer. Die Geschichte der Fluchthilfe im geteilten Deutschland 1961–1989, München 2005.

Diers, Michael, Die Mauer. Notizen zur Kunst- und Kulturgeschichte eines deutschen Symbolwerks, in: Ders., Schlagbilder. Zur politischen Ikonographie der Gegenwart, Frankfurt/M. 1997, S. 121–141.

Dittmann, Klaus, Adenauer und die deutsche Wiedervereinigung. Die politische Diskussion des Jahres 1952, Stuttgart 1981.

Dittmar, Norbert/Bredel, Ursula, Die Sprachmauer. Die Verarbeitung der Wende und ihrer Folgen in Gesprächen mit Ost- und WestberlinerInnen, Berlin 1999.

Dönhoff, Marion Gräfin u. a. (Hg.), Reise in ein fernes Land. Bericht über Kultur, Wirtschaft und Politik in der DDR, Hamburg 1964.

Drechsel, Benjamin, (Berliner) Mauern, in: Telepolis 31. Mai 2007. www.heise.de/tp/r4/artikel/25/25385/1.html.

Dülffer, Jost, Europa im Ost-West-Konflikt 1945–1991, München 2004.

Effner, Bettina/Heidemeyer, Helge (Hg.), Flucht im geteilten Deutschland. Erinnerungsstätte Notaufnahmelager Marienfelde, Berlin 2005.

Eisenfeld, Bernd, Formen widerständigen Verhaltens in der Nationalen Volksarmee und bei den Grenztruppen, in: Erhart Neubert/Bernd Eisenfeld (Hg.), Macht, Ohnmacht, Gegenmacht. Grundfragen zur politischen Gegnerschaft in der DDR, Bremen 2001, S. 231–266.

Eisenfeld, Bernd/Engelmann, Roger, 13. 8. 1961: Mauerbau, Fluchtbewegung und Machtsicherung, Bremen 2001.

Engelmann, Roger/Kowalczuk, Ilko-Sascha (Hg.), Volkserhebung gegen den SED-Staat. Eine Bestandsaufnahme zum 17. Juni 1953, Göttingen 2005.

Eppelmann, Rainer/Bernd Faulenbach/Ulrich Mählert (Hg.), Bilanz und Perspektiven der DDR-Forschung, Paderborn 2003.

Ders., u. a. (Hg.), Lexikon des DDR-Sozialismus, Paderborn u. a. 1993.

Erdmann, Klaus, Der gescheiterte Nationalstaat. Die Interdependenz von Nations- und Geschichtsverständnis im politischen Bedingungsgefüge der DDR, Frankfurt/M. usw. 1996.

Falin, Valentin, Konflikte im Kreml. Zur Vorgeschichte der deutschen Einheit und Auflösung der Sowjetunion, München 1997.

Filmer, Werner/Schwan, Heribert, Opfer der Mauer. Die geheimen Protokolle des Todes, München 1991.

Flemming, Thomas/Koch, Hagen, Die Berliner Mauer. Geschichte eines politischen Bauwerks, Berlin 1999.

Foitzik, Jan, Sowjetische Militäradministration in Deutschland (SMAD) 1945–1949. Struktur und Funktion, Berlin 1999.

Fricke, Karl-Wilhelm, Fluchthilfe als Widerstand im Kalten Krieg. Anmerkungen zu einem ungeschriebenen Kapitel DDR-Widerstandsgeschichte, in: Aus Politik und Zeitgeschichte, Bd. 38/1999, S. 3–10.

Garton Ash, Timothy, Im Namen Europas. Deutschland und der geteilte Kontinent, München/Wien 1993.

Gieseke, Jens, Mielke-Konzern. Die Geschichte der Stasi 1945–1990, Stuttgart/München 2001.

Gorbatschow, Michail S., Erinnerungen, Berlin 1995.

Gorbatschow-Stiftung (Hg.), Michail Gorbatschow und die deutsche Frage. Dokumentensammlung 1986 bis 1991, Moskau 2006 (in russischer Sprache).

Grafe, Roman, Die Grenze durch Deutschland. Eine Chronik von 1945 bis 1990, Berlin 2002.

Grasemann, Hans-Jürgen, Fluchtgeschichten aus der Zentralen Erfassungsstelle Salzgitter, in: Bernd Weisbrod (Hg.), Grenzland. Beiträge zur Geschichte der deutsch-deutschen Grenze, Hannover 1993, S. 28–50.

Ders., Das DDR-Grenzregime und seine Folgen. Der Tod an der Grenze, in: Materialien der Enquete-Kommission «Überwindung und Folgen der SED-Diktatur im Prozeß der deutschen Einheit», hg. vom Deutschen Bundestag, Bd. VIII/2, Baden-Baden/Frankfurt/M. 1999, S. 1209–1255.

Grashoff, Udo «In einem Anfall von Depression ...» Selbsttötungen in der DDR, Berlin 2006.

Gründer, Ralf, Berliner Mauerkunst. Eine Dokumentation, Köln 2007.

Grunenberg, Antonia, Antifaschismus – ein deutscher Mythos, Reinbek bei Hamburg 1993.

Haase-Hindenberger, Gerhard, Der Mann, der die Mauer öffnete. Warum Oberstleutnant Harald Jäger den Befehl verweigerte und damit Weltgeschichte schrieb, München 2007.

Hamann, Christoph, Schnappschuss und Ikone. Das Foto von Peter Fechters Fluchtversuch, in: Zeithistorische Forschungen, Online-Ausgabe 2 (2005), Heft 2. www.zeithistorische-forschungen.de/1612041-Hamann-2-2005.

Haspel, Jörg, Die Berliner Mauer – das Beispiel East Side-Gallery, in: Denkmalpflege nach dem Mauerfall. Eine Zwischenbilanz (Beiträge zur Denkmalpflege in Berlin, Heft 10), hg. vom Landesdenkmalamt Berlin 1997, S. 99–101.

Haupt, Michael, Die Berliner Mauer. Vorgeschichte, Bau, Folgen. Literaturbericht und Bibliographie zum 20. Jahrestag des 13. August 1961, München 1981.

Heidemeyer, Helge, Flucht und Zuwanderung aus der SBZ/DDR 1945/49 – 1961: Die Flüchtlingsproblematik der Bundesrepublik Deutschland bis zum Bau der Berliner Mauer, Düsseldorf 1994.

Hertle, Hans-Hermann, Die Berliner Mauer – Monument des Kalten Krieges, Berlin 2007.

Ders., Chronik des Mauerfalls. Die dramatischen Ereignisse um den 9. November 1989, 10. Aufl., Berlin 2006.

Ders./Jarausch, Konrad/Kleßmann, Christoph (Hg.), Mauerbau und Mauerfall. Ursachen – Verlauf – Auswirkungen, Berlin 2002.

Ders./Jarausch, Konrad (Hg.), Risse im Bruderbund. Die Gespräche Honecker–Breshnew 1974 bis 1982, Berlin 2006.

Heydemann, Günther, Die Innenpolitik der DDR, München 2003.

Hildebrandt, Alexandra, Die Mauer. Zahlen, Daten, Berlin 2001.

Hildebrandt, Rainer, Es geschah an der Mauer, Berlin 1990.

Hoffmann, Dierk, Die DDR unter Ulbricht. Gewaltsame Neuordnung und gescheiterte Modernisierung, Zürich 2003.

Hoffmann, Matthias, Leben mit der Mauer, Berlin 2002.

Ihme-Tuchel, Beate, Die DDR, Darmstadt 2002.

«Im Politbüro des ZK der KPdSU...» Nach Aufzeichnungen Anatolij Tschernajews, Wadim Medwedews und Georgij Scharchnasarows, Moskau 2006 (in russischer Sprache).

Jarausch, Konrad H., Die unverhoffte Einheit 1989–1990, Frankfurt/M. 1995.

Judt, Matthias, Häftlinge für Bananen. Der Freikauf politischer Häftlinge aus der DDR und das «Honecker-Konto», in: Vierteljahresschrift für Sozial- und Wirtschaftsgeschichte, Bd. 94, H. 4 (2007), S. 417–439.

Judt, Tony, Die Geschichte Europas seit dem Zweiten Weltkrieg, München/Wien 2006.

Jürgs, Michael/Elis, Andrea, Typisch Ossi – Typisch Wessi. Eine längst fällige Abrechnung unter Brüdern und Schwestern, München 2006.

Kaminsky, Annette, Orte des Erinnerns. Gedenkzeichen, Gedenkstätten und Museen zur Diktatur in SBZ und DDR, Leipzig 2004.

Karau, Gisela, Grenzerprotokolle. Gespräche mit ehemaligen DDR-Offizieren, Frankfurt/M. 1992.

Kleßmann, Christoph, Zwei Staaten, eine Nation. Deutsche Geschichte 1955–1970, Bonn ²1997.

Ders., Die Ostpolitik der Bundesrepublik aus Sicht der DDR, in: Józef Fiszer/Jerzy Holzer (Hg.), Die Rezeption der Ostpolitik in der Bundesrepublik Deutschland und in Ländern des kommunistischen Blockes, Polen, UdSSR, Tschechoslowakei, Ungarn, Warschau 2004, S. 15–26 (in polnischer Sprache).

Ders., Arbeiter im «Arbeiterstaat» DDR. Deutsche Traditionen, sowjetisches Modell, westdeutsches Magnetfeld (1945 bis 1971), Bonn 2007.

Knabe, Hubertus, Der 17. Juni 1953. Ein deutscher Aufstand, München 2003.

Kohl, Helmut, Erinnerungen. 1990–1994, München 2007.

Kowalczuk, Ilko-Sascha, Von der Volkserhebung zum Mauerbau. Reaktionen von Hochschulangehörigen auf die Ereignisse in der DDR in den Jahren 1953, 1956 und 1961, in: Aus Politik und Zeitgeschichte B 30–31/2001, S. 22–30.

Kroll, Hans, Lebenserinnerungen eines Botschafters, Köln/Berlin 1967.

Küchenmeister, Daniel/Stephan, Gerd-Rüdiger (Hg.), Honecker–Gorbatschow. Vieraugengespräche, Berlin 1993.

Küsters, Hanns-Jürgen, Adenauer und Brandt in der Berlin-Krise 1958–1963, in: Vierteljahrshefte für Zeitgeschichte 40 (1992), S. 483–542.

Kuhlmann, Bernd, Züge durch Mauer und Stacheldraht, Berlin 1998.

Landgrebe, Christiane, Der Tag, an dem die Mauer fiel. Prominente Zeitzeugen erinnern sich, Berlin 1999.

Large, David Clay, Berlin. Biographie einer Stadt, München 2002.

Lemke, Michael, Die Berlinkrise 1958 bis 1963. Interessen und Handlungsspielräume der SED im West-Ost-Konflikt, Berlin 1995.

Lepp, Claudia, Tabu der Einheit? Die Ost-West-Gemeinschaft der evangelischen Christen und die deutsche Teilung (1945–1969), Göttingen 2005.

Leo, Annette/Reif-Spirek, Peter (Hg.), Vielstimmiges Schweigen. Neue Studien zum DDR-Antifaschismus, Berlin 2001.

Leonhard, Wolfgang, Meine Geschichte der DDR, Berlin 2007.

Lindenberger, Thomas (Hg.), Herrschaft und Eigen-Sinn in der Diktatur. Studien zur Gesellschaftsgeschichte der DDR, Köln usw. 1999.

Litfin, Jürgen, Tod durch fremde Hand. Das erste Maueropfer in Berlin und die Geschichte einer Familie, Husum 2007.

Loth, Wilfried, Die Teilung der Welt. Geschichte des Kalten Krieges. 1941–1955, München 1980.

Ders., Stalins ungeliebtes Kind. Warum Moskau die DDR nicht wollte, Berlin 1994.

Ders., Helsinki, 1. August 1975. Entspannung und Abrüstung, Frankfurt/M. 1998.

Mählert, Ulrich, Kleine Geschichte der DDR, 4. überarb. Aufl., München 2004.

Maier, Charles S., Das Verschwinden der DDR und der Untergang des Kommunismus, Frankfurt/M. 2000.

Major, Patrick: «Mit Panzern kann man doch nicht für den Frieden sein». Die Stimmung der DDR-Bevölkerung zum Bau der Berliner Mauer am 13. August 1961 im Spiegel der Parteiberichte der SED, in: Jahrbuch für Historische Kommunismusforschung 1995, Berlin 1995, S. 208–223.

Ders., Vor und nach dem 13. August 1961. Reaktionen der DDR-Bevölkerung auf den Bau der Berliner Mauer, in: Archiv für Sozialgeschichte 39 (1999), S. 325–354.

Marxen, Klaus/Werle, Gerhard/Schäfter, Petra, Die Strafverfolgung von DDR-Unrecht. Fakten und Zahlen, Berlin 2007.

Mitter, Armin/Wolle, Stefan, Untergang auf Raten. Unbekannte Kapitel der DDR-Geschichte, München 1993.

Müller, Christine und Bodo, Über die Ostsee in die Freiheit. Dramatische Fluchtgeschichten, Bielefeld 1992.

Münger, Christof, Kennedy, die Berliner Mauer und die Kubakrise. Die westliche Allianz in der Zerreißprobe 1961–1963, Paderborn 2003.

Naimark, Norman M., Die Russen in Deutschland. Die sowjetische Besatzungszone 1945 bis 1949, Berlin 1997.

Niethammer, Lutz (Hg.), Der «gesäuberte» Antifaschismus. Die SED und die roten Kapos von Buchenwald, Berlin 1994.

Ohse, Marc-Dietrich, Jugend nach dem Mauerbau. Anpassung, Protest und Eigensinn (DDR 1961–1974), Berlin 2003.

Pauer, Jan, Prag 1968. Der Einmarsch des Warschauer Paktes. Hintergründe – Planung – Durchführung, Bremen 2002.

Plato, Alexander von, Die Vereinigung Deutschlands – ein weltpolitisches Machtspiel, Berlin 2002.

Pötzsch, Horst, Deutsche Geschichte nach 1945 im Spiegel der Karikatur, München 1997.

Pollack, Detlef, Die konstitutive Widersprüchlichkeit der DDR. Oder: War die DDR-Gesellschaft homogen?, in: Geschichte und Gesellschaft 24 (1998), S. 110–131.

Ders., Politischer Protest. Politisch alternative Gruppen in der DDR, Opladen 2000.

Poppe, Ulrike, Life in the Shadow of the Wall = Leben im Schatten der Mauer, in: Henriette von Preuschen/Schmidt Leo (Hg.), On Both Sides of the Wall. Preserving Monuments and Sites of the Corld War Era = Auf beiden Seiten der Mauer, Denkmalpflege an Objekten aus der Zeit des Kalten Krieges, Bad Münstereifel 2005, S. 28–35.

Potthoff, Heinrich, Die «Koalition der Vernunft». Deutschlandpolitik in den 80er Jahren, München 1995.

Ders., Im Schatten der Mauer. Deutschlandpolitik 1961 bis 1990, Berlin 1999.

Raschka, Johannes, Zwischen Überwachung und Repression – Politische Verfolgung in der DDR 1971 bis 1989, hg. v. Eberhard Kuhrt, Hansjörg F. Buck und Gunther Holzweißig im Auftrag des Bundesministeriums des Innern, Opladen 2001.

Rehlinger, Ludwig, Freikauf. Die Geschäfte der DDR mit politisch Verfolgten 1963–1989, Frankfurt/M./Berlin 1991.

Richter, Hans Werner (Hg.), Die Mauer oder der 13. August, Reinbek 1961.

Rödder, Andreas, Staatskunst statt Kriegshandwerk. Probleme der deutschen Vereinigung von 1990 in internationaler Perspektive, in: Historisches Jahrbuch 118 (1998), S. 221–260.

Ross, Corey, «Sonst sehe ich mich veranlaßt, auch nach dem Westen zu ziehen». Zum Zusammenhang von Republikflucht, SED-Herrschaft und DDR-Bevölkerung, in: Deutschland Archiv 34 (2001), S. 613–627.

Rühle, Jürgen/Holzweissig, Gunther, 13. August 1961. Die Mauer von Berlin, Köln 1961.

Ruggenthaler, Peter, Stalins großer Bluff. Die Geschichte der Stalin-Note in Dokumenten der sowjetischen Führung, München 2007.

Rummler, Toralf, Die Gewalttaten an der deutsch-deutschen Grenze vor Gericht, Berlin 2000.

Schmidt-Häuer, Christian, Michail Gorbatschow. Moskau im Aufbruch, Frankfurt/M. 1985.

Wolfgang Schollwer, Liberale Opposition gegen Adenauer. Aufzeichnungen 1957–1961, hg. v. M. Fassbender, Bonn 1990.

Scholtyseck, Joachim, Die Außenpolitik der DDR, München 2003.

Schroeder, Klaus, Der SED-Staat. Geschichte und Strukturen der DDR, München 1998.

Silomon, Anke, «Schwerter zu Pflugscharen» und die DDR. Die Friedensarbeit der evangelischen Kirchen in der DDR im Rahmen der Friedensdekaden 1980–1982, Göttingen 1999.

Skare, Roswitha, Mauer und Grenzerfahrung in Texten junger ostdeutscher Autoren und Autorinnen in den neunziger Jahren, in: Heiner Timmermann (Hg.), Die DDR zwischen Mauerbau und Mauerfall, Münster 2003, S. 543–556.

Sorkin, Michael (Hg.), Against the Wall. Israel's Barrier to Peace, London/New York 2005.

Steckel, Sönke, Die Berliner Mauer, Essen 1992.

Steiner, André, Politische Vorstellungen und ökonomische Probleme im Vorfeld der Errichtung der Berliner Mauer. Briefe Walter Ulbrichts an Nikita Chruschtschow, in: Hartmut Mehringer (Hg.), Von der SBZ zur DDR, München 1995, S. 233–268.

Steininger, Rolf, Der Mauerbau. Die Westmächte und Adenauer in der Berlinkrise 1958–1963, München 2001.

Ders., Deutsche Geschichte seit 1945. Darstellung und Dokumente in vier Bänden, Bd. 1: 1945–1947, Frankfurt/M. 1996.

Stiftung Gedenkstätte Hohenschönhausen (Hg.), Die vergessenen Opfer der Mauer. Flucht und Inhaftierung in Deutschland 1961–1989, Berlin 2003.

Stöver, Bernd, Der Kalte Krieg 1947–1991. Geschichte eines radikalen Zeitalters, München 2007.

Taylor, Frederick, The Berlin Wall: 13. August 1961 – 9. November 1989, London 2006.

Teltschik, Horst, 329 Tage. Innenansichten der Einigung, Bonn 1991.

Timmer, Karsten, Vom Aufbruch zum Umbruch. Die Bürgerbewegung in der DDR 1989, Göttingen 2000.

Tschernajew, Anatoli, Die letzten Tage einer Weltmacht. Der Kreml von innen, Stuttgart 1993.

Uhl, Matthias/Wagner, Armin (Hg.), Ulbricht, Chruschtschow und die Mauer. Eine Dokumentation, München 2003.

Uhl, Matthias/Wagner, Armin, «Die Möglichkeiten, aber auch die Grenzen nachrichtendienstlicher Aufklärung». Bundesnachrichtendienst und Mauerbau, Juli-September 1961, in: Vierteljahrshefte für Zeitgeschichte (2007), S. 680–725.

Ders., Krieg um Berlin? Die sowjetische Militär- und Sicherheitspolitik in der zweiten Berlin-Krise 1958 bis 1962, München 2008.

Ullrich, Maren, Geteilte Ansichten. Erinnerungslandschaft deutsch-deutsche Grenze, Berlin 2006.

Vogtmeier, Andreas, Egon Bahr und die deutsche Frage. Zur Entwicklung der sozialdemokratischen Ost- und Deutschlandpolitik vom Kriegsende bis zur Vereinigung, Bonn 1996.

Vorsteher, Dieter (Hg.), Parteiauftrag: Ein neues Deutschland. Bilder, Rituale und Symbole der frühen DDR. Buch zur Ausstellung des DHM 1996.

Walckhoff, Dirk-Arne, Der 13. August 1961 in der Traditionsarbeit der Grenztruppen der DDR, Hamburg 1996.

Weber, Hermann, Die DDR 1945–1990, München 2000.

Weidenfeld, Werner, Außenpolitik für die deutsche Einheit. Die Entscheidungsjahre 1989/90 (Geschichte der deutschen Einheit in vier Bänden, Bd. 4.), München 1998.

Werkentin, Falco, Politische Strafjustiz in der Ära Ulbricht, Berlin 1995.

Wettig, Gerhard, Die sowjetische Politik während der Berlin-Krise von 1958–1962. Der Stand der Forschungen, in: Deutschland Archiv 30 (1997), S. 383–398.

Ders., Chruschtschows Berlin-Krise 1958–1963. Drohpolitik und Mauerbau, München 2006.

Whitney, Craig, Advocatus Diaboli. Wolfgang Vogel. Anwalt zwischen Ost und West, Berlin 1993.

Wolle, Stefan, Die heile Welt der Diktatur. Alltag und Herrschaft in der DDR 1971–1989, Bonn 1999.

Ders., Aufbruch in die Stagnation. Die DDR in den Sechzigerjahren, Bonn 2005.

Wolfrum, Edgar, Geschichtspolitik in der Bundesrepublik Deutschland. Der Weg zur bundesrepublikanischen Erinnerung 1948–1990, Darmstadt 1999.

Ders, Die DDR 1949–1990 (Deutschland im Fokus, Bd. 6), Darmstadt 2008.

Ders., Die Mauer, in: Etienne François/Hagen Schulze (Hg.), Deutsche Erinnerungsorte, Bd. 1, München 2000, S. 552–568.

Ders., Die Ungarische Revolution von 1956 im internationalen Beziehungsgefüge, in: Der Ungarnaufstand. Das Jahr 1956 in der Geschichte des 20. Jahrhunderts, hg. von der Ungarischen Akademie der Wissenschaften und der Heidelberger Akademie der Wissenschaften, Budapest 2007, S. 39–52.

Ders, Täterbilder. Die Konstruktion der NS-Täter durch die deutsche Nachkriegsjustiz, in: Hans Braun/Uta Gerhardt/ Everhard Holtmann (Hg.), Die lange Stunde Null. Gelenkter sozialer Wandel in Westdeutschland nach 1945, Baden-Baden 2007, S. 117–139.

Wyden, Peter, Die Mauer war unser Schicksal, Berlin 1995.

Zentralinstitut für Geschichte der Akademie der Wissenschaften der DDR (Hg.), Grundriß der deutschen Geschichte. Von den Anfängen der Geschichte des deutschen Volkes bis zur Gestaltung der entwickelten sozialistischen Gesellschaft in der Deutschen Demokratischen Republik. Klassenkampf – Tradition – Sozialismus, Ost-Berlin 1979.

Zimmer, Matthias, Nationales Interesse und Staatsräson. Zur Deutschlandpolitik der Regierung Kohl 1982–1989, Paderborn u. a. 1992.

Zwahr, Hartmut, Ende einer Selbstzerstörung. Leipzig und die Revolution in der DDR, Göttingen 1993.

Internetquellen

www.chronik-der-mauer.de

www.galerie-noir.de (Mauergraffitis)

Videos und DVDs

Als die Mauer fiel – 50 Stunden, die die Welt veränderten. Eine Dokumentation von Hans-Hermann Hertle und Gunther Scholz, SFB usw. 1999.

Die Berliner Mauer. 3-teilige Dokumentation von Beate Schubert (Teil 1: Teilung: 1961–1971; Teil 2: Trennung: 1972–1988, Teil 3: Heilung: 1989–1999, Pentagramm Film- und Fernsehproduktion 2004.

Die Mauer. Eine Dokumentation von Matthias Walden (1961), SFB 1996.

Der Mauerbau im DDR Unterricht (Stiftung Aufarbeitung 2005).

Für Mick Jagger in den Knast. Eine Dokumentation von Karoline Kleinert und Reinhard Joksch (Stiftung Aufarbeitung 2006).

Halt! Zonengrenze. Eine filmische Dokumentation der innerdeutschen Grenze von F. J. Schreiber (Stiftung Aufarbeitung 2004).

Spiegel-TV/Frankfurter Allgemeine Zeitung, Hundert Jahre Deutschland.

DVD-Edition. Teil 7: Aufbruch aus Ruinen, Teil 8: Die Teilung, Teil 9: Der Kalte Krieg, Teil 10: Das Ende des sowjetischen Imperiums, Teil 11: Die deutsche Wiedervereinigung, 2006.

Stacheldraht. Eine Dokumentation von Matthias Walden (1961), SFB 1996.

Tage, die die Welt bewegten. Der Fall der Berliner Mauer. BBC 2003.

Über die Zonengrenze hinweg. Eine filmische Dokumentation deutsch-deutscher Kontakte über Mauer und Stacheldraht von F.J. Schreiber (Stiftung Aufarbeitung 2005).

Zum 13. August 1961. Willy Brandt und Walter Ulbricht. Eine Collage der Reden zum 13. August 1961. SFB/DRA, 1997.

Bildnachweis

picture-alliance/akg-images S. 17, 74. picture-alliance/dpa S. 13, 15, 20, 22, 46, 57, 70, 88, 111, 117, 127, 135, 137, 138, 140, 145, 155, 159. picture-alliance/KPA S. 109. picture-alliance/ZB S. 116, 131, 143. Axel Springer Verlag S. 66.

Personenregister

Acheson, Dean 42
Adenauer, Konrad 43–45, 53 f., 79, 82, 91
Albrecht, Hans 153
Andropow, Juri 119
Antunez, Nemesio 113
Arafat, Yassir 91
Aurienne, Nora 115

Bahr, Egon 48, 92 f.
Bansky, Robin 160
Baumgarten, Klaus-Dieter 96 f., 153
Beierl, Helmut 84
Beuys, Joseph 112
Biermann, Wolf 61, 99, 140 f.
Breschnew, Leonid 62, 93 f., 119, 124
Brandt, Willy 18, 43, 45–48, 82, 87, 91–96, 170
Borofsky, Jonathan 117
Bossi, Rolf 151
Bouchet, Christophe 112, 115, 117
Bowie, David 115
Bush, George sen. 144

Castro, Fidel 41, 91

Christo 118
Chruschtschow, Nikita 33–37, 39, 41–44, 50–52, 84, 90
Churchill, Winston 27, 143
Clay, Lucius D. 48, 51, 57

Davis, Mike 162
Dehler, Thomas 91
Deighton, Lean 73
Doher, Annemarie 38
Dönhoff, Marion Gräfin 44
Dubcek, Alexander 100
Duchamp, Marcel 117
Dulles, John Foster 79

Ehrmann, Riccardo 135 f.

Falin, Valentin 126
Fechter, Peter 65 f.
Fetting, Rainer 117

Gaulle, Charles de 42, 44
Gierek, Edward 101 f.
Globke, Hans 82
Goebbels, Josef 120
Gorbatschow, Michail 102, 119–129

190

Gorbatschowa, Raissa 123
Grasemann, Hans-Jürgen 68
Grass, Günter 55 f.
Gromyko, Andrey 30
Große, Jürgen 116
Grotewohl, Otto
Grützke, Johannes 113
Gueffroy, Chris 76 f.
Guillaume, Günter 95 f.

Hager, Kurt 122
Hambleton, Charles 112
Haring, Keith 112
Havemann, Katja 133
Havemann, Robert 133
Hendrix, Jimi 117
Hermlin, Stephan 56
Hertle, Hans-Hermann 135
Hitchcock, Alfred 73
Hitler, Adolf 18, 48, 79, 82, 99, 120
Hoffmann, Heinz 39
Honecker, Erich 11, 19, 39, 61, 77, 81, 85, 93 f., 96, 102–105, 107, 121–127, 129, 134, 144, 153, 167, 175
Howe, Geoffrey 129

Iggy Pop 115
Indiano siehe Große, Jürgen

Jaruzelski, Wojciech 103
Jeanne-Claude 118
Jewtuschenko, Jewgeni 123
Johannes Paul II. 101 f.
Johnson, Lyndon B. 45, 48
Judt, Tony 101

Kelly, Petra 104
Kennedy, John F. 41–43, 46–48, 51, 90 f.

Keppel, Matthias 113
Kessler, Heinz 153
Kittel, Walter 71
Kleiber, Günther 153
Klier, Michael 73
Kohl, Helmut 105–107, 120, 175
Kokoschka, Oskar 112 f.
Konew, Iwan St. 39
Kramer, Erwin 39
Krause, Eberhard 71
Krause, Hans 84
Krenz, Egon 134, 153
Kroll, Hans 37
Kwizinskiji, Julij 169

Le Carré, John 73
Lemmer, Ernst 82, 87
Liebknecht, Karl 139
Litfin, Günter 18 f.
Lübke, Heinrich 87
Lünser, Bernd 14

MacLean, Chris 118
MacMillan, Harold 42–44
Maron, Karl 39
McNamara, Robert 42 f.
Mielke, Erich 39, 93
Mühe, Ulrich 68

Nagy, Imre 34
Nasser, Gamal Abdel 34
Noir, Thierry 112, 115 f., 118
Norden, Albert 80
Norstad, Lauris 50

Pieck, Wilhelm 29

Reagan, Ronald 123 f., 144
Reuter, Ernst 28
Rinaldi, Giovanni 113
Runnings, John 117 f.

Rusk, Dean 42 f.

Schabowski, Günter 135–137, 153
Schalck-Golodkowski, Alexander 105
Scharpf, Birgitt 117
Scheidemann, Philipp 139
Schewardnadse, Eduard 129
Schmidt, Helmut 104
Schneider, Peter 73
Schnitzler, Karl Eduard von 56, 82, 87
Schollwer, Wolfgang 147
Schröder, Gerhard 44, 146
Schult, HA 113
Schultz, George 129
Schumann, Conrad 23
Siekmann, Ida 14
Solschenizyn, Alexander 102
Springer, Axel Cäsar 98, 112 f.
Stalin, Josef 28–31
Strauß, Franz Josef 45, 82, 105 f., 175

Streletz, Fritz 153

Thatcher, Margaret 123
Trotha, Margarethe von 73
Truman, Harry S. 27 f.
Tschernenko, Konstantin 119

Ulbricht, Walter 18, 27, 29, 33, 35–41, 44 f., 58, 61 f., 82, 91–94, 102, 144, 169

Vostell, Wolf 113

Walesa, Lech 101 f.
Walden, Matthias 54
Waters, Roger 144
Wenders, Wim 73
Werkentin, Falco 63
Wilder, Billy 73
Winzer, Otto 93
Wolf, Christa 60
Wolle, Stefan 63
Wollenberger, Vera 133